Brasil em Copas do Mundo

Barbosa Filho

Brasil em Copas do Mundo

Copyright © 2004 by **PANORAMA COMUNICAÇÕES**

Direitos reservados. Proibida a reprodução, mesmo parcial e por qualquer processo, sem autorização da Editora.

1ª edição: fevereiro de 2004 - 10.000 exemplares

Dados Internacionais de Catalogação na Publicação (CIP)
(Câmara Brasileira do Livro, SP, Brasil)

Filho, Barbosa
    Brasil em Copas do Mundo
Barbosa Filho. -- São Paulo :
Editora Panorama, 2004.

ISBN 85-7567-028-X

1. Educação – Brasil 2. Educação – História
1. Título – Copas do Mundo (Futebol).

04-6334   CDD–796.33466809

Índices para catálogo sistemático:
1. Copas do Mundo : História   796.33466809

Direção geral **Luiz Carlos Patricio**

Coordenação de arte **Fabio Mega Patricio**

Diagramação **Fabio Mega Patricio**

Revisão **Ruy Cintra Paiva**

Capa **Fabio Mega Patricio**

Fotolitos **Homart Fotocomposição**

Impressão **Editora Sol**

Caixa Postal 24551 – CEP 03365-970
Fone/Fax: (11) 6101-1165
www.panoramaeditora.com.br
panorama@panoramaeditora.com.br

Impresso no Brasil – *Printed in Brazil*

À minha família
Lucy, Ricardo, Rose, Jaime, Maria Helena,
Luciano, Katia, Christianne, Stefan.

Luci, Jaime Neto, Guilherme, Natalia, Maria Julia,
Barbara, Thais, Philip e Nicolas.
Patrimônio de uma vida.

Sumário

Prefácio 9

Meu amigo Barbosa Filho 13

Mensagem ao leitor 15

Apresentação 19

Brasil, país do futebol 23

1930 – 1934 – 1938 As copas que não participei .. 31

1950 – Por que perdemos 39

1954 – A síndrome húngara 57

1958 – A vitória do Marechal 75

1962 – A consagração de Garrincha 95

1966 – O fracasso em Liverpool 113

1970 – Guadalajara virou Brasil 125

1974 – O carrossel holandês 141

1978 — Brasil, campeão moral **161**

1982 — Brasil, o olé que faltou **179**

1986 — Por que ficamos em quinto **191**

1990 — A epopéia de Lazaroni **205**

1994 — Vencemos e não convencemos **221**

1998 — A última Copa do século **237**

2002 — A família Scolari **251**

Os técnicos da seleção **263**

O que nos reserva o futuro **277**

Prefácio

Cada país tem uma data trágica a relembrar. Na França, é o dia da batalha de Waterloo; nos EUA de hoje, é o 11 de setembro; na Alemanha, o armistício em Versalhes; no Japão, o dia da rendição frente aos aliados; no Brasil, é o dia 16 de julho, aniversário da derrota contra o Uruguai, em 1950, no Maracanã. São dias sobre os quais os livros vão sendo escritos, análises vão sendo feitas. Conta-se a história do dia, descreve-se o papel de cada personagem, escolhem-se os heróis e os vilões, sobretudo procura-se saber como o resultado poderia ter sido diferente.

Lembrei disso ao ler o capítulo deste livro, "O dia do jogo", no qual Barbosa Filho analisa o maracanazo. O dia em que o Uruguai atrapalhou uma festa organizada por todo o povo brasileiro, e diante de 173.850 torcedores derrotou o Brasil.

Ainda que o livro seja bom da primeira até a última página, recomendo que o leitor comece sua leitura por este capítulo. É um relato emocionante, cheio de suspense, no qual os guerreiros têm os nomes de Ademir, Zizinho, Jair, Barbosa, Obdulio, Maspoli; a guerra é de tática, psicologia, arrogância.

Barbosa descreve aquela tarde com uma competência que agarra o leitor como se estivesse lendo um livro de suspense, de grande aventura.

Depois dele, fica ainda mais atraente o livro dos bastidores das Copas do Mundo que ele cobriu.

Barbosa Filho escreveu um livro da história do Brasil. Um País que vive de sobressaltos a cada quatro anos, por causa de sua seleção, tem de conhecer a história de suas Copas. E isso, nós podemos conhecer ao mesmo tempo em que nos deslumbramos com este *Brasil em Copas do Mundo*. Como ele próprio diz logo no início, "Espero que você desfrute. Eu desfrutei escrevendo...".

E ele nos faz desfrutar, porque, como locutor de futebol, escreveu como se transmitisse ao vivo as dezessete Copas que viveu, transmitindo quase todas e estudando as demais. O leitor, se pudesse fechar os olhos, teria a impressão de estar ouvindo pelo rádio a locução de uma longa história de setenta anos, através dos quais o mundo assistiu não apenas a Copas, de quatro em quatro anos, mas a evolução do esporte que inventou a globalização.

Um esporte que começou despretensiosamente por um grupo de ingleses, há mais de um século, que trinta anos depois tinha uma copa mundial, em um tempo em que viajar era uma aventura de meses, cinqüenta anos depois era um esporte internacional e hoje, ao completar cem anos, representa talvez o mais importante elemento de mobilização social do planeta.

Ainda mais, aqueles ingleses jamais imaginariam que iriam influir tão decisivamente na formação do povo brasileiro.

Afinal, um país tão dividido socialmente, onde até a bandeira nacional é desconhecida em toda sua plenitude por vinte milhões de adultos que não sabem ler "ordem e progresso", onde a renda é tão mal distribuída que consolidou castas sociais, e a educação tão desigual que faz com que os brasileiros se estranhem conforme a classe social, o futebol é o elemento fundamental de nossa unidade e identidade. Imaginem se um país tão dividido como o nosso, não tivesse o futebol? O que uniria

Prefácio

ricos e pobres, doutores e analfabetos, se eles não torcessem pelo mesmo time, sobretudo se, a cada quatro anos, não torcêssemos todos pelo mesmo time, pela mesma camisa? Se, lamentavelmente, somos tão divididos e, felizmente, não temos guerras contra inimigos, o que uniria o Brasil, se não tivéssemos a sorte de torcer a cada quatro anos pela seleção?

Ainda mais, se somos tão modestos diante dos países ricos e poderosos, a ponto de tentarmos imitá-los em tudo, o que seria da auto-estima do Brasil, se não tivéssemos desenvolvido este sentimento descrito por Barbosa, de que, em futebol "ou somos campeões ou não somos nada". Não interessa o vice. Como nas guerras, não há lugar para vice. Por isso, a história das Copas deveria ser ensinada nas escolas, desde o ensino fundamental, como os outros países fazem com suas guerras.

E quando isso for feito, este livro será um clássico lido por todos. Comentado por todos, orgulhando todos e nos fazendo refletir.

É também um livro para mostrar como nós somos os grandes responsáveis por nossos fracassos. O livro do Barbosa passa a teoria de que perdemos Copas por causa de dois excessos: de divisões e de otimismo. Nossas vitórias foram com seleções que saíram debaixo do pessimismo, mas com dirigentes que tinham sentimento de unidade, jogadores com patriotismo. Afinal, não é isso que ocorre também na história social? Quantas vezes mergulhamos em projetos megalomaníacos, dizendo que em breve seríamos iguais aos países ricos, só para descobrir que ficamos mais endividados e mais divididos? E quantos bons projetos não foram interrompidos ou impedidos por causa de divisões corporativas, sem sentimento de unidade nacional?

Quem conhecer a história das Copas, quem perceber o que está por trás das derrotas e das vitórias, não apenas conhecerá melhor o país do futebol, os bastidores deste maravilhoso esporte, uma globalização espontânea, como também tirará lições que poderão servir para entender como construir um Brasil melhor, para todos.

O livro do Barbosa Filho é um livro de profundo patriotismo, de grande perspicácia, mas também um livro extremamente agradável de ler. E que desperta uma grande nostalgia, fazendo com que nos lembremos onde estávamos no exato dia e hora daqueles memoráveis jogos.

Um livro de vitórias, das quais a primeira é do próprio autor. Apesar de diluir sua própria história, o que é uma pena, de não relatar os bastidores de sua própria vida durante as copas, o livro mostra a vitória de um jovem maranhense que desde os dezenove anos já conseguiu ser enviado do Nordeste ao Maracanã para cobrir a Copa de 50.

Nesta posição privilegiada de observador dentro do campo e no meio dos jogadores, cartolas, organizadores, Barbosa fala para nós torcedores contando aquilo que gostaríamos de saber e às vezes recordar.

Feliz o país que tem em disputas esportivas a sua história de guerras, e que tem em um Barbosa Filho o seu Homero.

Brasília, 15 de dezembro de 2003.

Senador Cristóvão Buarque
Ministro da Educação

Meu amigo Barbosa Filho

Em 1967, ao inaugurar a Rádio Novo Mundo, organizei o departamento esportivo da emissora e para chefiá-lo trouxe Barbosa Filho, que na época trabalhava na Rádio Gazeta. Permaneceu entre nós por pouco tempo, pois a Rádio Clube de Pernambuco veio buscá-lo para comandar, pela segunda vez, o futebol daquela emissora. Como sempre, foi um sucesso. Até hoje Barbosa Filho é um destaque, como comentarista, daquela região.

Dez anos após a sua volta a São Paulo, Barbosa Filho assumiu a direção de esportes da Rádio Tupi, integrante da nossa Rede CBS. Como sempre, fez um magnífico trabalho na nossa Rede de Rádio, comandando conosco a Copa do Mundo da Itália, com uma equipe fantástica da sua recém-formada Rede Brasileira dos Esportes.

Ao longo desses trinta e seis anos passei a conhecer profundamente o trabalho desse maranhense, que conseguiu a façanha de ser o único comentarista esportivo do Norte e Nordeste a vencer em São Paulo e ganhar a admiração do esportista de nosso Estado. Hoje a Rede CBS possui diversas emissoras de rádio AM/FM e Barbosa Filho, atendendo ao meu pedido, enquanto escrevia o seu livro, lançou o futebol pela Rádio News, nossa emissora de 100 kilowats e que comandava uma rede de emissoras a ela ligadas. Infelizmente, por necessidade de implantarmos novos projetos na rede, fomos obrigados a paralisar o projeto futebol. Entretanto, Barbosa continua entre nós.

O depoimento contido neste livro, exclusivamente sobre a seleção brasileira e sua participação desde 1950, retrata o outro lado do futebol e constitui na sua visão de grande comentarista esportivo o que aconteceu em todas essas Copas até a da França. Para estudantes de jornalismo, para os desportistas de um modo geral, este livro é um importante documentário comentado por quem viveu intensamente o mundo esportivo de nosso país, avaliando nossas vitórias e derrotas nessa competição importante no mundo e que é a alma e a paixão do povo brasileiro.

Como homem de rádio e como admirador da qualidade profissional de Barbosa Filho, eu recomendo este livro como uma leitura útil para aqueles que gostam do futebol.

Paulo Masci de Abreu
Presidente da Rede CBS

Mensagem ao leitor

Quando os ingleses regulamentaram o futebol e por isso passaram a ser chamados de inventores do foot-ball association, não se poderia prever que esse esporte, jogado com onze atletas de cada lado, se transformasse no esporte mais popular do mundo, arrebatando e apaixonando multidões sem nenhuma espécie de discriminação. Não vamos discutir se o futebol cresceu pela facilidade da sua prática com os pés e a cabeça, pela sua violência controlada ou simplesmente porque é um esporte de fácil entendimento.

O fato é que, para nós, dois fatores foram importantes para o reconhecimento mundial do futebol: A mídia, a antiga e a moderna, e as Copas do Mundo.

Quando Jules Rimet e a FIFA organizaram a primeira Copa, em 1930, no Uruguai, as dificuldades foram enormes para a sua realização.

Primeiro, porque o futebol era amador, segundo, pela dificuldade de transporte, terceiro, porque já naquela época existiam os opositores ao crescimento do futebol. O fato é que a Copa efetuou-se no Uruguai, onde foi construído o Estádio

Centenário e o próprio País anfitrião teve condições de ganhar o título. Em 1934 e 1938 as Copas sofreram pela ausência de maior número de países e só obtiveram êxito pelo fato de serem realizadas na Europa, já naquela época, a facilidade de transporte era melhor que no resto do mundo.

A mídia mesmo assim funcionou. O telégrafo (cabo submarino), na época o mais rápido meio de comunicação, juntamente com o rádio sacudiram o Brasil, já então apaixonado pelo futebol. Consagrou-se em 1938 o famoso Gagliano Neto, que pode ser considerado o mais famoso locutor esportivo da época. A II Guerra Mundial parou o futebol e só depois do seu término em 1945 é que se cogitou reunir novamente os países ligados à FIFA para realizar um novo campeonato.

E, então, iniciou-se o ciclo que permitiu, em cinqüenta anos, transformar o futebol de amadores no esporte mais popular, mais apaixonante e de maior público de todos os tempos.

É sobre essa paixão mundial que vamos conversar neste livro.

Um livro que não tem a pretensão de ser mais uma história do nosso futebol. É, antes disso, um depoimento de um comentarista esportivo que, aos setenta e dois anos de idade e com mais de cinqüenta anos de atividade profissional no Rádio e ocasionalmente na Televisão, acompanhou o futebol brasileiro, com uma perspectiva única. Digo única, porque fui comentarista esportivo no Ceará, na Bahia, Pernambuco, Rio (na Copa de 1950) e São Paulo.

Iniciei a minha jornada como jornalista esportivo, em São Luís do Maranhão, minha terra natal. De menino, já era um aficionado torcedor do Sampaio Corrêa e, em São Paulo, da Portuguesa de Desportos. Vivi o mundo do futebol intensamente, trabalhei em emissoras de rádio de todo o país: no Ceará, na Rádio Iracema e Ceará Rádio Clube de Fortaleza; em Salvador, na Rádio Sociedade da Bahia; em Pernambuco, na Rádio Jornal do Comércio e Rádio Clube de Pernambuco, em São Paulo, nas Rádios: Bandeirantes, Gazeta, Tupi e Record, e agora, em 2003, na Rádio News do grupo CBS, também de São

Mensagem ao leitor

Paulo. Na Rádio Tamoio do Rio de Janeiro, trabalhei durante os seis meses da copa de 1950, onde participei da inauguração do estádio do Maracanã; participaria mais tarde, também, da inauguração do estádio da Fonte Nova.

Ao longo dos anos, e nestas emissoras, comandei equipes, dirigi departamentos, visitei, com a seleção e clubes esportivos, cerca de cinqüenta e sete países; estive em duas Olimpíadas; lancei alguns nomes famosos no rádio esportivo; fui cabo eleitoral da eleição de Silvio Pacheco à presidência da CBD, acompanhando o então candidato a vice João Havelange em visita às Federações de Futebol do Nordeste; contribuí, assim, para a eleição de um homem que se tornou presidente da FIFA. Muitos anos mais tarde, fui de grande auxílio para a eleição do seu genro, Ricardo Teixeira, então um idealista do futebol, como todos aqueles que, em clubes, federações e confederações se propõem a fazer crescer o futebol brasileiro. No fim, como acontece com a classe política, todos, com honrosas exceções, acabam praticando a política de "Mateus primeiro os meus". Mas isso é outra história.

Entendi, então, que a minha experiência como jornalista, conhecido em grande parte do Brasil, e o reconhecimento que sempre recebo, com alegria, dos profissionais, que como eu, participam do universo esportivo, principalmente os meus companheiros de rádio e televisão, me credenciava para escrever um livro sobre o tema "Brasil em Copas do Mundo", já que ao vivo, na retaguarda ou comandando equipes, participei de quase todas as Copas. Só não participei das que ocorreram quando eu não tinha nascido, ou quando ainda era um menino. Aliás nunca exerci outra profissão que não a de jornalista esportivo, por isso entendo que tenho autoridade para escrever sobre o que comentei, sobre o que vivi, e o que penso da história de todas as Copas, principalmente das que participei à beira do gramado.

Este livro não é uma autobiografia, embora insira no contexto passagens da minha carreira profissional, objetivando dar autenticidade e veracidade aos meus pontos de vista. Ao longo desses 50 anos, muitos companheiros partiram, o que acontecerá a todos nós. Mas, faço questão de, a cada Copa, citar nomes dos que conviveram e trabalharam lado a lado comigo. Fica aqui o preito de gratidão, o orgulho e a honra de ter convivido com todos eles.

Podemos dizer que o conteúdo deste livro é pessoal. É o meu ponto de vista, mas sobretudo a minha colaboração para quem no futuro escrever sobre o futebol brasileiro, pois que, com certeza, ao consultar estas páginas, terá pelo menos uma outra perspectiva para somar à visão daqueles que, como eu, viveram intensamente o futebol.

Para mim, foi agradabilíssima a oportunidade de reviver, no filme da memória, os inesquecíveis momentos da minha vida profissional, vida que não troco com ninguém. Espero que para você, leitor amigo, também seja agradável e de muita utilidade.

Um abraço fraterno,

Barbosa Filho

Apresentação

Nasci em São Luís do Maranhão, em 1º de junho de 1931. Com doze anos sofri uma ruptura do apêndice, na época uma doença difícil, que me prendeu ao leito por cinco anos. Sofri onze operações e fui salvo finalmente pelas mãos de um médico maravilhoso, o Dr. Carlos Macieira, e pelo invento da penicilina, na época privativa das forças armadas norte-americanas, mas que consegui graças a um sargento intendente norte-americano, que propiciou as doses necessárias para a minha recuperação.

Nesse período, dos doze aos dezessete anos, uma das raras distrações que eu tinha era o meu pequeno rádio de ondas médias e curtas, que me permitia ouvir as seguintes emissoras: Tupi, Tamoio e Nacional do Rio de Janeiro, Tupi de São Paulo, Inconfidência de Minas, Clube de Pernambuco e Ceará Rádio Clube. Peguei amor pelos programas esportivos e pelos locutores da época: Antônio Cordeiro, Ary Barroso e Mário Provenzano no Rio, Aurélio Campos em São Paulo, Antônio Maria em Pernambuco (antes de ir para o Rio), Jairo Anatolio em Minas com Paulo Nunes Vieira e José Renato em Pernambuco, além da dupla Paulo Cabral e Cabral de Araújo do Ceará. Tornei-me um especialista. Sabia de tudo, ouvia todos os programas, gravava na memória as equipes de futebol, acompanhava o campeonato carioca, que empolgava o País pelo simples fato de emissoras paulistas serem, praticamente, inexistentes em ondas curtas.

Recuperado em 1947, consegui uma coluna do noticiário nacional no jornal *O Imparcial*. Por uma dessas incríveis oportunidades que a vida nos reserva, comecei a narrar futebol pela Rádio Timbira do Maranhão e posteriormente pela Rádio Ribamar. Agarrei a oportunidade com todas as minhas forças, e fui considerado um excelente narrador. Afinal, a minha escola era dos grandes do Rio e São Paulo e acabei contratado pela Rádio Iracema de Fortaleza e entre 48/49 trabalhei naquela emissora e depois fui contratado pela Ceará Rádio Clube, pelo mesmo Paulo Cabral, diretor geral dos Diários Associados do Brasil. E aí iniciou-se a minha carreira profissional.

Em 1949, Ary Barroso fez um concurso nacional para a Tupi contratar três locutores esportivos. Esses três participariam da equipe de Ary Barroso e da Copa do Mundo de 1950. Ganharam, Domingos Araújo, Alberto Figueiredo e Rui Viotti. Este último está na ativa e é hoje um dos grandes narradores de Tênis do Brasil.

A Rádio Tamoio, que juntamente com a Tupi, integrava e comandava os Diários e Rádios Associados, possuía uma pequena equipe chefiada por Mario Provenzano. Sem muitas possibilidades para contratação na época, a Tupi, após o concurso, ficou com Domingos Araújo e reforçou a Tamoio com Alberto Figueiredo e Rui Viotti. O terceiro reforço veio do Ceará, como revelação da narração esportiva: Barbosa Filho.

Estava pois, com dezenove anos de idade, no meio das feras, emprestado pela Ceará Rádio Clube por seis meses para integrar a equipe da Rádio Tamoio, objetivando transmitir a Copa do Mundo.

Acrescenta-se que naquela época o conceito de Rede de Rádio não existia e exceção das emissoras paulistas, gaúchas e mineiras, as outras emissoras espalhadas pelo País não se inte-

Apresentação

ressaram em transmitir a Copa do Mundo. E como Rui Viotti e Alberto Figueiredo eram locutores esportivos concursados pela Tupi, fui promovido ao cargo de comentarista esportivo na Tamoio, trabalhando no fosso do Maracanã, porque naquela época a figura do repórter esportivo estava começando. Tive, assim, o privilégio de acompanhar a Copa de 1950 e assistir e comentar os jogos do Brasil.

Para mim, a maior glória foi conhecer todos aqueles locutores, que eram nomes no País inteiro e iniciar assim, oficialmente, uma carreira que me deu vários prêmios, muitas alegrias e cinqüenta anos de atividade, que abrangeu todas as Copas do Mundo pós-guerra.

Brasil, país do futebol

Brasil, país do futebol

O título acima é uma das melhores criações da mídia esportiva brasileira. Com esse título, a crônica especializada criou no espírito do torcedor a idéia de que o nosso futebol é o melhor do mundo e a fama da nossa invencibilidade criou a síndrome que até hoje acompanha o torcedor, ou seja, estamos acreditando na nossa força e raramente entendemos algumas derrotas no plano internacional. É por isso que um dos defeitos do brasileiro é não considerar o título de vice-campeão ou terceiro colocado como uma conquista digna de admiração e aplauso.

Ou somos campeões ou não somos nada.

A Copa do Mundo é um exemplo gritante. O povo se apaixona pelo Brasil, a mídia moderna, principalmente a partir da televisão, empolga o povo com os preparativos da seleção e apesar de críticas e alertas, muitas vezes, não compreendidas pelo público ou dirigentes, o mito da nossa força superior cria os traumas decorrentes das nossas derrotas e desclassificações.

Até a década de 1940, os argentinos eram os donos do futebol na América do Sul. O antigo campeonato sul-americano de seleções era invariavelmente vencido pela Argentina ou

Uruguai. E tínhamos uma geração fantástica, mas que não conseguia ser vencedora. Por exemplo: Ademir, Jair, Zizinho, mais recentemente, ou na época mais antiga de Domingos da Guia, Lopes, Friendeirach e outros grandes jogadores não conseguiram as conquistas que estabelecessem a nossa liderança. O futebol argentino tinha: Salomon, Sobrero, Stabili, Di Stefano, Sivori, Corbatta, Rossi e tantos outros que determinaram com tranqüilidade a larga liderança argentina. Foi a partir do campeonato sul-americano de 1919, quando inauguramos o hoje obsoleto estádio do Fluminense, em Álvaro Chaves, que foi criado o *slogan* que afaga a nossa vaidade, mas muito discutível no plano internacional. Só começamos a crescer a partir de 1958, após a Copa da Suécia, naquele histórico jogo entre Brasil e Uruguai, em Buenos Ayres, que foi encarado, por todos, como a nossa vingança do que ocorreu na Argentina, onde vencemos e brigamos, até Didi brigou, e a partir daí foi que o futebol brasileiro começou a sua caminhada para recuperar o terreno perdido ao longo das décadas anteriores rumo à liderança sul-americana. Transmiti esse torneio com Leonel Silveira, comando da Rádio Jornal do Comércio de Recife e a Rádio Farroupilha de Porto Alegre.

A imprensa internacional, por exemplo, não comunga com o nosso ufanismo caboclo. Mas, as estatísticas de mundiais e o exame da nossa participação tem um dado positivo: O Brasil é o único país, de todos os afiliados da FIFA, que participou de todos os Mundiais de Futebol a partir de 1930. É uma façanha. Em compensação, independente dos cinco campeonatos mundiais conquistados, a visão internacional se justifica, porque ganhamos cinco mundiais em dezessete participações, o que não é muito se avaliarmos que outros países ganharam, percentualmente, mais do que nós, pois não participaram de todas as copas.

Vejamos a nossa participação nas Copas do Mundo:

1930 – Sexto colocado
1934 – Décimo quarto colocado
1938 – Terceiro colocado

1950 – Vice-campeão
1954 – Sexto colocado
1958 – Campeão
1962 – Bicampeão
1966 – Décimo primeiro colocado
1970 – Tricampeão
1974 – Quarto colocado
1978 – Terceiro colocado
1982 – Terceiro colocado
1986 – Quinto colocado
1990 – Nono colocado
1994 – Tetracampeão
1998 – Vice-campeão
2002 – Pentacampeão

Com base nas estatísticas se verifica que a participação dos alemães e italianos foi melhor, pois disputando menor número de campeonatos mundiais ganharam três, sendo que a Itália tem um campeonato antes de 1950. A Alemanha tem quatro vice-campeonatos mundiais conquistados em 1966, 1982, 1986 e 1994.

A Itália não tem a mesma brilhante trajetória dos alemães. Dois dos seus campeonatos, 1934 e 1938 pertencem a uma outra fase do futebol, embora sua participação em outros mundiais não tenha a oscilação que se verificou com o Brasil. Essa inconstância na classificação do nosso País, revela a falta de organização, o excesso de confiança, ausência completa de entrosamento entre os dirigentes, as críticas da imprensa e até certo ponto uma arrogância no dimensionamento da nossa capacidade técnica em relação aos demais adversários, o que determinou em alguns mundiais a nossa queda, até em circunstâncias humilhantes.

Outra tese que eu defendo é que nos treze campeonatos mundiais depois de 1950, na grande arena mundial do futebol, os campeonatos acabam sendo uma festa de quatro ou cinco países. Assim como os campeonatos carioca, paulista, gaúcho, mineiro ou de qualquer outra parte do País terminou em noventa por cento das suas disputas entre as equipes mais tradicionais e mais populares, assim também ocorreu com os campeonatos mundiais. Basta lembrar que o Campeonato Paulista termina sempre com Palmeiras, Corinthians, São Paulo ou Santos. Excepcionalmente aparece um ou outro clube que pode vencer o campeonato, como já aconteceu. No Rio, Vasco, Flamengo, Botafogo e Fluminense dividem a festa do futebol. Em Minas, a briga acaba quase sempre com Atlético e Cruzeiro, um ano ou outro, aparece América ou Vila Nova. Assim acontece em todo o país: Na Bahia, a disputa direta é entre Bahia e Vitória; em Pernambuco, entre Náutico, Sport ou Santa Cruz; no Ceará, entre Fortaleza e Ceará; no Pará, Remo e Payssandu; no Rio Grande do Sul, a disputa direta acontece entre Internacional e Grêmio, uma vez ou outra aparece um Juventude ou antigamente o Renner ou outro pequeno concorrente para atrapalhar a vitória desses gigantes. No mundial é a mesma coisa. Mais ainda, é uma questão de camisa, de tradição e de categoria para chegar à vitória. A Holanda foi duas vezes vice-campeã, a Hungria também. A Checoslováquia, Dinamarca, Suécia e outros menos cotados chegaram até a ameaçar, mas geralmente os Campeonatos mundiais acabaram com brasileiros, argentinos, alemães e italianos e de maneira excepcional os uruguaios venceram em 1950, além do primeiro campeonato de 1930, que eles patrocinaram e venceram. Portanto, não vamos ficar tão eufóricos com o Brasil. Somos realmente uma potência futebolística e reconhecida internacionalmente, mas não somos tão superiores como pensamos. Inclusive, a nossa pobreza financeira e a nossa crônica desorganização são fatores fundamentais na queda de prestígio que tivemos em relação aos nossos rivais no Mundial. Se fôssemos organizados como os ingleses, alemães e italianos, seríamos praticamente invencíveis.

Por isso é que podemos ser o País do futebol, pela paixão do povo, mas não somos o País do futebol financeiramente e em organização. Por exemplo, o futebol feminino está crescendo a uma velocidade espantosa. Só nos Estados Unidos jogam sete milhões de mulheres. Na China, Canadá, nos países escandinavos como Suécia, Dinamarca, Noruega o desenvolvimento é fantástico. A mídia já está interessada nessa competição. E nós, que posamos, domesticamente, como os melhores do mundo, que estamos fazendo pelo futebol feminino? Nada. Vivemos do esforço de alguns clubes e timidamente pela televisão que ainda não investiu, verdadeiramente, nessa modalidade. Esse é um outro erro que vamos pagar no futuro, mesmo porque a CBF, que centraliza o futebol, dá pouca ou nenhuma importância à divulgação do futebol feminino. E isso é lamentável.

Portanto, devemos pensar com seriedade sobre o futuro do futebol no Brasil. A Lei Pelé está dimensionando profissionalmente o nosso futebol. Como vamos viver a partir do ano 2.000 não sabemos ainda, pois o futebol continua não sendo do País do futebol, mas sim dos Estados. Não acontece aqui a globalização como na Europa. Precisamos analisar quem patrocina quem, quem paga quem, e até se poderemos sobreviver como força esportiva a partir do próximo milênio. Essa e outras perguntas precisarão de respostas imediatas e não a longo prazo, para que o nosso futebol continue, pelo menos, no pódio das grandes forças esportivas do mundo, participando do futuro, com o avanço da tecnologia e da televisão, principalmente da televisão a cabo, que deve ser a grande força de comunicação do futuro.

Para nós que gostamos de futebol, precisamos acompanhar essa evolução.

A entrada do novo milênio lembra outro fator importante. Com a televisão a cabo está ocorrendo uma abertura que pode proporcionar um grande auxílio ao esporte. A palavra é uma só: programação. A entrada de novos canais gera a necessidade de criação de programas que possam despertar a atenção do público. Pioneira como sempre e dona de uma série de canais a cabo, a Globo já está criando o hábito do grande público procurar no cabo as atrações esportivas que as demais emissoras de canal aberto estão negligenciando, ou por falta de visão para comprar direitos, ou falta de patrocinadores ou falta de dinheiro para encarar os eventos como investimento, o fato é que os esportes amadores vão ter um impulso gigantesco no seu crescimento. O futebol feminino poderia ser uma das prioridades da televisão a cabo; primeiro, pelo estímulo da promoção; segundo, porque a audiência feminina é mais fiel à televisão que a masculina. O Brasil tem um potencial não descoberto e estimulado no futebol feminino. Como sempre, quando despertamos para essa modalidade do futebol, o mundo estará na nossa frente como acontece com o esporte amador. Nossas universidades, estatais e particulares não recebem estímulo dos Ministérios da Cultura, Educação e Esportes. Por exemplo, para incentivar entre os universitários o amor pelo esporte. O que temos no atletismo, na natação, no basquete é um esforço isolado de entidades e atletas em busca dos seus ideais. Uma nação como a nossa, de quase cento e oitenta milhões de habitantes tem um potencial ridículo de presença nos esportes internacionais. O patrocínio de algumas empresas salvaram o esporte amador mas não deram ao nosso País a força que ele necessita.

Por isso entendo que muita coisa vai mudar após o ano 2.000. Espero que no futuro a mentalidade dos governantes e dirigentes melhore, para que possamos ter um País mais forte, mais rico, desportivamente falando, como nação que tem tudo para ser, no próximo milênio, uma das líderes do mundo moderno.

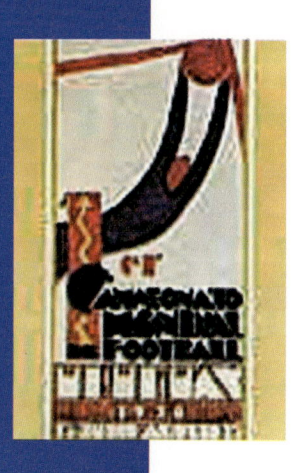

Uruguai

1930

Itália

1934

França

1938

1930
1934
1938

As Copas de que não participei

Ao pensar em escrever este livro, não pensei nas Copas anteriores a 1950 e sobre a FIFA, pois o intuito do livro é transmitir as minhas impressões gerais sobre a história da seleção brasileira nos mundiais de que participei. Alguns ao vivo, dois ou três por implicações das próprias empresas em que trabalhei escalado para dar retaguarda aos companheiros presentes na competição.

Naqueles tempos, em que não existiam satélites, e uma simples ligação intercontinental demandava longa espera, as transmissões esportivas eram uma aventura; o som poderia ou não chegar. O som, bom, era outra coisa importante, pela má qualidade e pelo primitivismo dos circuitos. Era a época do Ford de bigode, o princípio do carro que não tem nenhum tipo de comparação com os automóveis de hoje. Aconselhado pelo meu editor, achei interessante relatar para o leitor uma pequena síntese das copas que antecederam a fase pós-guerra do futebol a título informativo e até de pesquisa, pois este livro só objetiva, realmente, a participação do Brasil. Como sequer eu tinha nascido em 1930, pesquisei diversas fontes e a mais

Brasil em Copas do Mundo

confiável e clara foi a *Enciclopédia dos Mundiais de Futebol*, compilada e escrita pelo meu amigo e brilhante jornalista esportivo *Orlando Duarte,* que o Brasil inteiro conhece e admira.

::1930

A FIFA foi fundada em 1904 pela França, Holanda, Bélgica, Suíça, Espanha, Dinamarca e Suécia. Naquele tempo o mundial de futebol acontecia nas Olimpíadas, e a grande vencedora após a fundação da FIFA foi a Inglaterra, que venceu os jogos de 1908 e 1912. As primeiras tentativas da FIFA para organizar um torneio mundial fracassaram. Na época já haviam se filiado Itália, Áustria, Alemanha e Inglaterra. Mais nenhum país na época se interessou por um mundial de futebol. A FIFA começou a existir, realmente, após a eleição de Jules Rimet. Eleição com votos escritos e colocados no Correio. Até então a FIFA existira graças ao holandês Louis Oestrup, que, com recursos próprios, manteve a existência da entidade. No Congresso da FIFA, em 1928, Jules Rimet fez a proposta, que foi aceita, para organizar o Primeiro Campeonato Mundial de Futebol em 1930. Embora ratificado no Congresso de Barcelona, os uruguaios tomaram conhecimento da proposta, reivindicando o direito do seu país patrocinar a competição. O pedido dos uruguaios tinha um objetivo: como o Uruguai ganhara o Torneio Olímpico de 1924, o interesse era confirmar, nessa competição, a sua força e a sua grandeza no futebol.

Para os pesquisadores, é bom ler o livro do *Orlando Duarte*. Ele narra o esforço, o sacrifício, para construção de um estádio à altura do Mundial, que só terminou a sua construção com o Mundial já iniciado. Foi descomunal o trabalho dos uruguaios para realizar a competição e já na época ganhar da Argentina, a grande rival do futebol uruguaio.

As Copas que não participei

O Brasil foi ao Mundial de 1930. Mas, gente, prestem atenção: já naquela época o futebol, politicamente, era igualzinho ao de hoje. Sabem como? A eterna briga entre paulistas e cariocas, cuja rivalidade nunca acabou. A Confederação Brasileira de Desportos sucedeu a Federação Brasileira de Sports e esta, no Rio, brigou com a APEA, a Associação Paulista de Esportes Atléticos. Resultado: a seleção brasileira foi carioca com apenas um paulista, o lendário Araken Patuska, que brigara com o Santos, seu clube na época, e foi para a seleção. Como dois países desistiram, o Brasil ficou no grupo dois como cabeça de chave, com Iugoslávia e Bolívia. O primeiro jogo aconteceu no dia 14 de julho contra a Iugoslávia; perdemos de 2 x 1. Preguinho fez nosso gol no segundo tempo. O segundo jogo foi no dia 22 contra a Bolívia e ganhamos de 4 x 0, Preguinho fez dois gols e Moderato os outros dois. Destaque-se que Preguinho, grande atleta do Fluminense, era filho do escritor Coelho Neto. Como a Iugoslávia vencera a Bolívia, fomos eliminados do torneio, e acabamos na 6ª colocação.

::1934

A Copa da Itália aconteceu envolvida na inspiração política. Governava a Itália o ditador Benito Mussolini, que encarregou um dos seus assessores para fazer todo o possível para que a Copa ficasse na Itália. Mussolini já enxergava a importância da competição e queria que a Itália já semiprofissionalizada ganhasse o título, como demonstração da força italiana. O governo pagou tudo.

E no Brasil?

A briga continuava entre paulistas e cariocas. A CBD estava brigada com todas as Federações e a maioria dos clubes de futebol. Do lado da CBD só estava o Botafogo. Mesmo assim,

Valdemar de Brito, Silvio Hoffman, Luizinho e Armandinho representaram o futebol paulista. O Botafogo foi a base da seleção.

O Brasil classificou-se para o Mundial de 1934 sem jogar. O Peru, que seria nosso adversário, desistiu. Luiz Vinhaes, técnico da seleção, escalou nosso time com os paulistas Silvio Hoffman, Armandinho, Luizinho e Valdemar de Brito. Perdemos de 3 x 1 para a Espanha, com Valdemar de Brito perdendo um pênalti defendido pelo goleiro Zamora, famoso na época, como o maior goleiro do mundo. A data: 25 de maio de 1934.

E só.

Jogamos apenas uma partida, perdemos, ficamos em décimo quarto lugar e voltamos para casa.

::1938

Em 1938 o Brasil tinha um grande treinador. Seu nome? Ademar Pimenta. Convocado para técnico da seleção, a paz havia, finalmente, chegado ao futebol brasileiro. A eterna briga política entre CBD e Federações tinha acabado. Ademar Pimenta pôde convocar, pois, os melhores jogadores da época. Levamos alguns atacantes famosos: Tim, Patesko, Romeu, Pelliciari, Niginho, Peracio, Hércules e o maior de todos: Leônidas da Silva.

O Brasil estréia em Strasburgo contra a seleção da Polônia, que tinha um goleiro tão famoso na época como Zamora em 34, Madjeski. Primeiro tempo, Brasil 3 x 1. Leônidas acaba com a bola. O Brasil mostra a escola sul-americana e agrada aos franceses. Durante o intervalo do primeiro tempo cai uma chuva torrencial. Normalmente não seria jogado o segundo tempo, pois o gramado ficou alagado, mesmo assim o juiz sueco Eklind, que apitara o jogo final da Copa de 1934, determina a continuidade da partida. Os poloneses voltam com tudo.

As Copas que não participei

Resultado final: 4 x 4. Leônidas marcou os quatro gols do Brasil e o polonês Willimowski também quatro gols. Chovia muito, o gramado virou um lamaçal, a ponto de Leônidas pedir ao árbitro licença para jogar descalço; obviamente não foi atendido.

Naquela época o empate determinava prorrogação. Ganhamos de 2 x 1, com gols de Perácio e Romeu. Placar final: 6 a 5, para a seleção brasileira.

O segundo jogo foi contra a Tchecoslováquia, na cidade de Bordeax, inaugurando o estádio local, com um público de 35 mil pagantes. Foi uma guerra, pela violência dos jogadores. Foram expulsos dois jogadores brasileiros (Zezé Procópio e Machado) e um tcheco. Leônidas faz 1 x 0 e Nejedly, de pênalti, empata. Veio a prorrogação e empatamos em 0 x 0. De acordo com o regulamento da época, tivemos de jogar uma partida de desempate. Ganhamos de 2 x 1. Leônidas e Roberto marcaram para o Brasil e nos classificamos para as finais.

Voltamos a Marselha para enfrentar a Itália. O técnico Pimenta resolveu poupar Leônidas, não totalmente recuperado de contusão, e com isso quebrou a força do nosso ataque. Perdemos de 2 x 1, com um gol de pênalti. Aliás, sempre arrumavam um pênalti contra o Brasil. A Itália ganhou com esse gol de Meazza. Romeu marcou o nosso.

Com a vitória da Hungria contra a Suécia, esta classificou-se para disputar o título com a Itália. Jogamos no dia 19 de junho, novamente em Bordeaux, contra a Suécia, pela disputa do terceiro lugar. Ganhamos de 4 x 2. Leônidas voltou ao time e marcou dois gols, Romeu e Perácio marcaram os outros dois gols.

Com os dois gols, Leônidas, o Diamante-Negro foi o artilheiro do Mundial de 38 com sete gols. Se Pimenta tivesse mantido Leônidas contra a Itália, quem sabe o que teria acontecido?

37

Brasil 1950

Ano 1950
País Sede Brasil
Campeão Uruguai
Público 1.337.000

Equipe Esportiva Rádio Tamoio – RJ
Mário Provenzano
Barbosa Filho
Rui Viotti
Alberto Figueiredo
Dalvo Ferreira
Maurílio Oliveira
Geraldo Escobar
José Araújo (*O Jornal*)
Fernando Bruce (*Diário da Noite*)

Equipe Esportiva Uruguaia
Ulisses Badano (*El Dia*)
Viegas Jaime
Luiz Semyno

1950

Por que perdemos
:: A predestinação do Uruguai

Em 1950, o termo "marketing" não existia. Ou, se existia, eu nunca tinha ouvido falar. Mas reconheço que a FIFA foi absolutamente genial em reacender a chama dos mundiais e promover no Brasil, um país sem seqüelas de guerra, sem inimigos ainda ressentidos da hecatombe que ensangüentou a Europa, onde, possivelmente, a escolha de um país poderia gerar uma série de oposições políticas que atrapalhariam a realização da Copa, reativada para unir as nações em torno do ideal esportivo. Daí, entendo, que a FIFA foi genial ao trazer a Copa para a América do Sul e para o Brasil. Aqui seria fácil trazer os países europeus e os sul-americanos e fazer realmente uma festa mundial do futebol.

A mídia voltou a colaborar. Nessa época, a mídia mais forte era a imprensa escrita. O Rádio no Brasil já era uma força, porém dominada, principalmente, pelo Rádio carioca, que além da Nacional, Tupi e Tamoio, cujas ondas curtas cobriam todo o país, tinha emissoras como a Mayrink Veiga e a Globo, além da Guanabara, como forças que ofereciam ao futebol carioca uma maior divulgação. São Paulo contava só com a

Difusora e a Tupi, que usavam a mesma onda curta, mais a Record, a Panamericana e outras que não recordamos.

A força do futebol carioca, na época, era absoluta. Primeiro, o Rio de Janeiro era a capital do país; segundo, a CBD tinha sua sede na cidade maravilhosa; terceiro, os clubes de maior peso eram exatamente Flamengo, Vasco, Fluminense e Botafogo. Palmeiras e São Paulo, juntamente com o Corinthians, eram a segunda força, e clubes grandes hoje como Grêmio, Internacional, Atlético Mineiro, Bahia, Sport Recife etc. eram forças regionais, mas sem uma atuação nacional expressiva, como nos dias atuais.

Portanto, não foi surpresa a convocação de Flávio Costa, com a esmagadora presença de jogadores cariocas, mais conhecidos do povo brasileiro.

A equipe inscrita para a Copa tinha dois gaúchos, Nena, zagueiro, e Adãozinho, atacante, ambos do Internacional, e Bauer, Rui e Noronha, a famosa linha intermediária do São Paulo, e Baltazar, do Corinthians. Somente seis jogadores não jogavam no Rio de Janeiro. Isso prova, portanto, a força e a superioridade dos cariocas, na época, em que eram também grandes ganhadores dos Campeonatos Brasileiros de Seleções, que representava o que hoje é o Campeonato Nacional de Clubes.

O Maracanã, ainda por terminar e inaugurado, bem ao estilo brasileiro, com a obra ainda inacabada, com o jogo entre as Seleções de Novos de São Paulo e Rio. Venceu o Rio de Janeiro, 1x0 gol de Didi, e eu estreava como comentarista na Rádio Tamoio. Esse dia, sem dúvida, foi um marco nesses cinqüenta anos de nossa vida profissional.

Até hoje já se escreveram crônicas, contos, livros, ensaios, depoimentos, entrevistas para explicar a razão da nossa derrota na Copa de 1950.

A grande maioria está de acordo num ponto: Pecamos por excesso de otimismo, uma característica do futebol brasileiro, que se revelou desastrosa ao longo dos anos. Temos o vício de subestimar os adversários. A mídia, os jornais da época, comandada por Ricardo Serran em *O Globo*, Fernando Bruce em *O Jornal* e *Diário da Noite*, Geraldo Romualdo da Silva em *O Jornal dos Sports*, Mazzoni em *A Gazeta Esportiva* e tantos outros criaram o clima ufanista da vitória. Profissionais como Antônio Cordeiro, Ari Barroso, Oduvaldo Cozzi e outros criaram a expectativa carioca e nacional da vitória absoluta.

Em parte, eles tinham razão. Começamos em 24 de junho ganhando de 4x0 do México. Ademir fez dois gols, Baltazar e Jair completaram. No dia 28 empatamos com a Suíça em 2x2. Flávio Costa nessa partida substituiu Ely, Danilo e Bigode do jogo da estréia por Rui, Bauer e Noronha do São Paulo. O empate foi um fator decisivo para a imprensa criticar o técnico, alegando que o trio paulista não jogou bem e facilitou o empate com os suíços. Acrescente-se que naquele tempo a tática era a diagonal, com predominância dos grandes trios da linha média. Qualquer torcedor brasileiro sabia de cor a linha média dos grandes "times" brasileiros, tomemos como exemplo o Flamengo: Biguá, Bria e Jaime, o Vasco: Ely, Danilo e Jorge.

Flávio Costa estava testando a equipe brasileira para chegar ao time ideal. O fato é que a pressão foi grande e no terceiro jogo, dia 1º de julho, ele escalou o time com a volta de Danilo e Bigode, manteve Bauer, um jogador infinitamente mais técnico que Ely. Bauer foi considerado, pela crônica esportiva, uma das maiores figuras do Brasil, nesse Mundial. Aliás nunca se deu ao Bauer, exatamente pela nossa derrota, o verdadeiro reconhecimento que ele deveria merecer pelas qualidades do grande craque que foi.

Flávio Costa, finalmente, acertou o ataque com a entrada de Zizinho ao lado de Jair, na histórica partida contra a Iugoslávia. Eu estava no fosso do Maracanã, ao lado da saída da equipe da Iugoslávia, quando presenciei um acidente que atrasou a partida. O atacante Mitic, ao sair, bateu com a cabeça na proteção de cobertura do túnel; voltou aos vestiários, levou pontos e retornou com uma faixa na cabeça.

Para mim, o jogo Brasil x Iugoslávia foi o maior jogo da Copa. Presenciado por uma multidão de cento e trinta e oito mil torcedores. O Brasil tinha Zizinho, Jair, Bauer, Maneca estilistas do futebol. A Iugoslávia tinha Mitic, Vukas, Djajic e Bobek. Foi uma festa maravilhosa e uma exibição de gala do Brasil. Ademir e Zizinho fizeram os gols e tecnicamente o jogo foi extraordinário. Até hoje permanece viva, essa partida, em minhas lembranças.

Foi esse jogo, principalmente essa vitória, que criou no espírito do povo, do torcedor, da imprensa de todo o mundo que o Brasil seria o campeão do mundo. Foi a partir desse 1º de julho que se começou a dizer que ganharíamos a Copa, sem nenhum respeito aos adversários.

Pelo regulamento da Copa, ao final desse jogo, classificaram-se o Brasil, Suécia, Espanha e Uruguai. Vejam vocês o que é a predestinação, algo que ninguém quase comentou após a Copa, a maioria preocupada em mostrar os erros e defeitos do Brasil.

Abro aqui um parênteses, para ilustrar a observação por que entendo ter havido uma predestinação. A Copa de 1950 poderia ter sido mais brilhante se as seqüelas da guerra na Europa, o amadorismo dos dirigentes e a vaidade de algumas federações de países, que achavam a América do Sul muito atrasada, não tivessem gerado uma série incrível de desistências: Áustria, Escócia e Bélgica, classificadas, desistiram; países como Índia, Filipinas, Birmânia, desistiram também.

Naquela época as viagens continuavam difíceis e o futebol era ainda amador.

Em alguns países europeus os atletas já eram considerados profissionais, mas incipiente, sem nenhuma relação com o atual profissionalismo do futebol.

Volto a falar na predestinação.

Vejam que no grupo de classificação das eliminatórias de 1950, onde estava o Uruguai, incluíam Paraguai, Peru e Equador.

Por razões econômicas e outros motivos, peruanos e equatorianos desistem. O Uruguai e o Paraguai, então, se classificam para a Copa, sem jogar.

Vem o Mundial. Sobraram treze países. O Maracanã estava incompleto. A Copa perigava. O Torino Barassi, da Itália, vem ao Brasil e levanta o ânimo e as providências para garantir o Mundial. Nesse tempo, nossa CBD era, como outras Confederações, amadora, ingênua e sem traquejo internacional.

Muito bem. Notem a predestinação: Na formação dos grupos, o Brasil, como atração máxima do evento, fica com três países: Suíça, Iugoslávia e México. O grupo II inclui Chile, Estados Unidos, Espanha e Inglaterra. O grupo III com Suécia, Itália e Paraguai. Sobra para o Uruguai na fase de classificação apenas um país, pela desistência dos demais. E sabe qual o País? A Bolívia.

É ou não predestinação?

O Uruguai estréia no Mundial no dia 2 de julho. Joga em Belo Horizonte, no novo estádio Independente, e ganha de 8x0. Ghiggia faz um gol, Schiaffino, o grande jogador uruguaio, o maestro e cérebro do time faz dois gols, o Uruguai ganha e passa para a fase final, jogando só essa partida.

Ao longo de cinqüenta anos de carreira, já assisti muita coisa no futebol. A sorte, a chance, a infelicidade e a predestinação integram o universo futebolístico. Basta lembrar a derrota do Bayern de Munique para o Manchester United, em 1999 pela Copa da UEFA. Este último perdendo por 1x0, marcou dois gols no último minuto da prorrogação de tempo de jogo, após noventa minutos segurando o resultado.

Voltamos a jogar na fase final, dia 9 de julho, contra a Suécia e uma vitória fantástica: 7x1. Ademir marcou quatro gols nessa partida e Flávio Costa tinha consolidado o time ideal: Bauer, Danilo e Bigode na linha média do sistema tático da diagonal em que jogava o Brasil e com Zizinho e Jair, estilistas natos de futebol e Ademir Menezes cuja explosão como centro-avante era conhecida de todos. Ademir e Leônidas foram os únicos jogadores a fazer quatro gols em um jogo nos mundiais que participamos. Leônidas em 1938, contra a Polônia e Ademir em 1950, contra a Suécia.

Essa vitória consolidou a euforia brasileira. Para o torcedor, o Brasil era imbatível. A vitória sobre a Iugoslávia, com uma primorosa exibição de futebol e pelo espetáculo que proporcionamos, gerou a configuração. O triunfo contra a Suécia demonstrou que todos estavam com a razão. Nesse mesmo dia, a seleção do Uruguai empatava com a Espanha por 2x2, no Pacaembu em São Paulo.

No jogo seguinte o Brasil venceu de 6x1 a seleção da Espanha, a famosa "fúria", com um ataque famoso na Europa inteira: Bassora, Igoa, Zarra, Panizo e Gainza e com um goleiro chamado Ramallets, que tomou seis gols e fez outras seis defesas maravilhosas. Numa só partida, além de Mayer da Alemanha, Banks da Inglaterra, Manga do Brasil, só vi um goleiro maravilhoso: O espanhol Ramallets. Pena que não tivéssemos a televisão para filmar essa partida e a atuação desse extraordinário espanhol que salvou a Espanha, apesar dos seis gols, de uma goleada histórica.

Novamente o fortalecimento do nosso otimismo. A essa altura já contagiando todos nós. A mídia, Rádio e Jornal não comentava mais os jogos dos demais países, só se falava na invencibilidade da seleção e no dia em que o Brasil seria campeão do mundo.

E o Uruguai? Ganhava de 3x2 da Suécia, no Pacaembu, modestamente e quase sem brilho.

Finalmente o grande dia.

Dezesseis de julho, 173.850 torcedores, recorde absoluto. A Rádio Nacional bateu todos os recordes de audiência. Para que se tenha uma idéia, a Rádio Nacional do Rio de Janeiro, pelas ondas curtas, era mais ouvida no interior de São Paulo que as emissoras da capital paulista. A Nacional foi um marco histórico do Brasil e tinha em Antônio Cordeiro o locutor que todos ouviam.

:: O dia do jogo

Dos 173.850 pagantes, pelo menos 150.000 já estavam no estádio ao meio dia. O público que lá estava não se preocu-

1950 – Porque perdemos

pava com o jogo, não dando importância ao Uruguai. O Brasil já era campeão. E isso, pensava o torcedor, o povo, o país, a crônica esportiva, enfim todo o mundo.

Naquele tempo não existia a Embratel. A onda curta da Rádio Tamoio foi cedida a uma emissora do Uruguai para apresentação de boletins e de noticiário e isso me permitiu, como comentarista principal da Tamoio na Copa do Mundo, ser entrevistado, diversas vezes, por companheiros do Uruguai. A equipe era formada por Ulisses Badano, decano do jornal *El Dia*, Luiz Semyno, comentarista, Vieges Jayme, locutor e comentarista.

A equipe da Tamoio, comandada por Maria Provenzano, era muito pequena. Não me recordo de todos os nomes, mas lá estavam o Dalvo Ferreira, cunhado do Provenzano, os dois vitoriosos do concurso de Ary Barroso, ou seja, Rui Viotti e Alberto Figueiredo e eu, que, como nordestino, era o primo pobre. O Rui foi escalado para Belo Horizonte, e no seu magnífico currículo de grande narrador ele tem uma passagem histórica: Narrou a vitória dos Estados Unidos contra a Inglaterra, o jogo de maior repercussão, depois dos jogos do Brasil.

A Inglaterra era respeitada como a inventora do futebol e como potência esportiva absoluta. Essa derrota tirou a Inglaterra das finais, mesmo porque em seguida ela perdeu para a Espanha, também por 1x0. Eu me lembro que a Rádio Tupi, a Mayrink Veiga e a Nacional não transmitiram essa partida por entender que seria fácil a vitória inglesa, pela falta de expressão do futebol norte-americano. Rui Viotti, portanto, consagrou-se com a audiência total no Rio de Janeiro. Entre outros, a Inglaterra nesse jogo contou com Alf Ramsey, futuro treinador campeão do mundo pela Inglaterra em 1966, Finney, estupendo jogador de meio de campo, e Wright, que era jovem, uma das grandes revelações do futebol.

Pois bem, como eu dizia, o Maracanã ao meio dia já tinha 90% da sua platéia. Era uma festa só. Discutia-se e apostava-se, não no jogo e sim em quantos gols marcaria o Brasil e se Ademir ou Zizinho, ou Jair seria o artilheiro desse jogo.

O juiz era inglês. Não poderia ser outro, entre Mr. Ellis e Mr.

George, o escolhido só poderia ser aquele que mais atuou nesta Copa, Mr. George Reader, que já apitara outras três partidas.

Começa o jogo. O Brasil vai à frente, domina o Uruguai e aos treze minutos do primeiro tempo, Friaça marca o seu gol. Outra curiosa coincidência. Flávio Costa alternou com Alfredo e Maneca a ponta direita da seleção, não sei se por contusão ou não, Friaça, que era tido como um jogador eclético, que jogava em qualquer posição, acabou sendo escalado na ponta direita na penúltima partida do Brasil contra a Espanha e foi mantido para a final.

O gol de Friaça acabou de convencer o Maracanã e o Brasil: a Copa estava no "papo". Os jogadores da seleção brasileira também acreditaram e se acomodaram. A única coisa que eu critico nesse jogo e no time brasileiro é que, após o gol de Friaça, já que o empate também nos daria o título, passamos a dar exibição. O trio Zizinho, Ademir e Jair fez malabarismos extraordinários juntamente com Bauer. Não vou dizer que eles deixaram de marcar, mas se tivessem se aplicado, jogado com seriedade, poderiam ter feito 2x0. Afinal, tínhamos quase duzentas mil bocas a gritar, a pressionar os uruguaios.

Veio o segundo tempo, nós continuamos a dar exibição. De tanto facilitar, permitimos o gol de empate uruguaio. Fê-lo Juan Schiaffino de fora da área, numa bola que encobriu a defesa e o goleiro. O tipo da jogada em que todo mundo viu o "buraco" na defesa e a bola entrando.

Foi uma comoção incrível. O silêncio foi enorme. De repente o torcedor compreendeu que o Brasil tinha onze adversários pela frente, e um time de quem precisávamos ganhar.

E aí cometemos o erro, considerado como uma das maiores desgraças do futebol brasileiro, em todos os tempos. Recuamos para garantir o empate, que nos daria o título. Eu digo isso, porque todo mundo sabe que, nas decisões, o time que joga pelo empate é um time cauteloso. Nós estamos cansados de assistir partidas em que, dominando até marcar ou tomar o gol de empate, o time se acovarda. Recua cauteloso, abre espaços para o adversário.

1950 – Porque perdemos

Foi o que aconteceu.

O recurso da substituição não existia em 1950. O time escalado era aquele e pronto. Se alguém se machucasse, o jogo prosseguiria com 10 homens. Começamos o show, abrimos espaço para as firulas, passamos, antecipadamente, a viver o carnaval da vitória. O próprio time uruguaio estava mais ou menos conformado com a derrota. A nossa superioridade em campo era enorme. Recuamos para garantir o empate e com isso começamos a abrir o espaço para o quadro uruguaio se articular em campo. O fato é que, animados com o empate e com a cautela do Brasil, a seleção uruguaia começou a crescer dentro de campo.

O primeiro erro foi deixar de lado a marcação das laterais e o adversário começou a crescer pela esquerda com um ponteiro até então inexpressivo no jogo, mas que iniciava um trabalho extraordinário, o de atrair Augusto para fora da área. O nome dele? Moran. Tenho certeza que, na história do Uruguai, Moran deve ter sido citado muito pouco. Mas o pequeno ponteiro, dono de uma grande velocidade, começou a apoiar Schiaffino e a mover o ataque. E assim, pouco a pouco, a seleção celeste começou a ganhar confiança. E o Brasil? Recuado, tentando segurar o adversário, procurando reter a bola na troca de passes e não tentando avançar no campo do adversário.

A grande imprensa brasileira, a mídia dos papas do jornalismo escrito e de rádio, repito, do jornalismo escrito e de rádio, já que naquele tempo não existia televisão, os jornalistas e os locutores esportivos glorificaram a figura de Obdulio Varela como o símbolo da raça, da fibra e da vitória uruguaia. Longe de mim polemizar ou discordar. Afinal de contas eu era um garoto de dezenove anos, do Maranhão, cedido por empréstimo pela Ceará Rádio Clube – embora no Ceará eu fosse a maior audiência esportiva –, a discordar do que foi escrito e vendido à platéia esportiva brasileira.

Mas não cometo nenhum desabono à figura de Obdulio Varela, se na minha opinião e, na época, no meu longo comentário final na Tamoio, após o jogo, eu disse que ele não ganhara o jogo sozinho, mencionando inclusive as figuras da seleção uruguaia que o ajudaram a vencer o jogo:

1. O lateral Rodrigues Andrade, o único na seleção celeste que se transformou num gigante na defesa. Anulou Friaça, se desdobrou na cobertura da zaga, dando liberdade a seus companheiros para segurar o trio ofensivo do Brasil.

2. Mathias Gonzáles, um zagueiro imbatível nas bolas altas, cortou todos os escanteios do Brasil, não perdeu uma bola para Ademir e para Bauer, mandou na área com uma majestade extraordinária.

3. Juan Schiaffino, o Zizinho deles. Um jogador magro, esbelto, de cabeça erguida, de uma técnica admirável. Só um jogador no Brasil me lembra a elegância, a frieza, a técnica de Schiaffino o grande e imortal Ademir da Guia. Vocês que viram Ademir jogar, criem na memória o Schiaffino, um jogador frio, que não perdia a calma, que tinha um domínio de bola igual ao de Ademir. Só conseguiam desarmá-lo cometendo faltas. E finalmente o menos expressivo jogador do "time": o ponteiro Moran, um "formiguinha" que atazanou o gigante Augusto na lateral do Brasil.

4. Máspoli, o grande Máspoli. Um goleiro com a calma necessária para se impor e comandar juntamente com Obdulio o "time". Acalmava a defesa, sabia segurar a bola, praticava defesas extraordinárias.

A seleção uruguaia toda merece louvores. Mas esses foram os jogadores que deram personalidade e força ao "time" uruguaio.

No empate, houve uma metamorfose em campo: de encolhido, jogando para cumprir tabela, participante da festa sem direito a nada, a seleção uruguaia cresceu na medida em que o Brasil recuou para garantir o empate. E aí aconteceu o desastre.

Não me recordo se foi Julio Perez ou Schiaffino que lançou Ghiggia. O fato é que Ghiggia – lembra muito pela altura e pelo porte o nosso também famoso Julio Botelho –, passou por Bigode e meteu a bola onde ela não deveria passar. Trinta e cinco minutos do segundo tempo e o Uruguai vence: 2x1.

Gente, foi um desastre. Da alegria esfuziante, do carnaval da vitória passamos para o maior velório do mundo: 173.500 pagantes e mais 20 mil convidados, penetras, dirigentes, policiais, enfim todo mundo a não acreditar no gol do Uruguai e na vitória da equipe oriental.

Faltando dez minutos para terminar o jogo, literalmente o time brasileiro enlouqueceu. Daquele time recuado, otimista em garantir o empate, a Seleção Brasileira se transformou. O time foi todo para a frente, Jair e Zizinho encheram de bola o nosso Ademir, chutamos de todos os lados e de todas as maneiras e aí estava Máspoli, o grande Máspoli, a garantir o gol uruguaio e a garantir a vitória.

Eu estava no pequeno fosso do lado direito das cabines de rádio, onde, hoje, ficam os repórteres de campo. Minha visão era a visão de dentro do campo. E nunca mais poderei esquecer-me do rosto dos jogadores brasileiros. Chico, ponta esquerda que jogava naquele lado, Ademir, Bigode, Bauer eram o retrato do desespero total. Atacamos, atacamos, atacamos e até hoje, cinqüenta anos depois, jamais me esquecerei do último lance da partida, quando faltavam um ou dois minutos para acabar o jogo.

Por que não me esqueço?

Porque lá em cima, na cabine, Mario Provenzano começou a chorar e perdeu a voz.

Passou o microfone para mim, lá embaixo, pela impossibilidade momentânea de falar. Eu transmiti o escanteio. A bola veio da direita, parece-me que cobrado pelo Friaça. Foi um centro perfeito, a bola cobriu toda a grande área uruguaia, Máspoli sai do gol, de fora da área o gaúcho Chico arranca como um boi brabo e dá um salto gigantesco. O salto com a força do desespero, pula mais que Máspoli, cabeceia a bola, pula tão alto que ao testar a bola, se ele cabeceia para baixo ele faz o gol, mas a testa de Chico estava ao nível da bola, ele ganha do goleiro, cabeceia a bola e atira por cima da trave, com o gol vazio.

Já imaginaram se essa bola entra? Chico, que era ponteiro do Vasco, cuja maior virtude era a valentia, seria, hoje, um imortal do futebol brasileiro. Com esse gol, ele passaria para a galeria dos grandes craques do Brasil. Hoje, quem se lembra de 1950, lembra de Barbosa – sacrificado por um gol que acharam ter sido um "frango" –, de Bigode que até de "bicha" foi chamado pelo drible que levou do Ghiggia, Bauer, o monstro do Maracanã, Ademir, o artilheiro da Copa, Zizinho e Jair, monstros sagrados do futebol. Mas quem se lembra de Chico? Quem se lembra que ele só entrou no jogo da Iugoslávia? Pois o ponta esquerda era o Friaça, que acabou depois na direita, e que era um jogador que o técnico Flávio Costa gostava, porque entendia que a versatilidade do Friaça era necessária às características do sistema de jogo do Brasil, a famosa na época e hoje esquecida diagonal.

Por isso eu falo na predestinação do Uruguai. Ganhou a Copa da seguinte maneira:

Nas eliminatórias, classificou-se e entrou na Copa sem jogar uma partida. Pela desistência de Equador e Peru, sobraram o Paraguai e o Uruguai, já que se classificavam dois em cada chave.

Na Copa propriamente dita, classificou-se nas oitavas jogando uma só vez, contra a Bolívia e vencendo por 8x0.

Nas finais, jogou e empatou com a Espanha 2x2. O Brasil ganhou da Espanha por 6x1. Jogou contra a Suécia e venceu por 3x2. O Brasil venceu de 7x1.

E na hora da "onça beber água" a nossa máquina de fazer gols emperrou e os uruguaios, predestinados, venceram a Copa.

Quatro anos depois a história repetiu-se: A Hungria, que era a seleção que todos diziam ia ganhar a Copa do Mundo, acabou tropeçando na final.

Favorita em 54, como o Brasil em 50. Ficou bem claro que em Copa do Mundo não ganha o favorito, ganha quem sabe explorar melhor as deficiências de seus adversários.

:: O mito Obdulio Varela

A decepção nacional, após a Copa do Mundo, era um fato inegável. O estresse (a palavra não existia em 1950) era

1950 – Porque perdemos

algo que precisaria de uma explicação, e ocorreram várias, mas as explicações que se generalizaram foram duas:

a) Teríamos de criar um bode expiatório;

b) Justificar a derrota, valorizando o adversário.

O goleiro Barbosa pagou o "pato". Ninguém falou da falha de Bigode, o lateral cuja função era marcar Ghiggia, que já vinha com fama de goleador. Afinal, a jogada fatídica veio do drible do Ghiggia em Bigode e este ter ficado para trás sem perseguir o ponteiro. A cobertura que seria de Juvenal, também não aconteceu. Ghiggia entrou pelo bico da grande área, chutou rasteiro e marcou.

Naquela época, eu já disse, os jornais compunham a grande mídia. O Rádio esportivo estava começando a se destacar mas o peso da opinião era dos "papas" do jornalismo escrito, Ricardo Serran (*O Globo*), Femando Bruce (*Diário da Noite*), o colunista Zearaujo (*O Jornal*), Geraldo Romualdo da Silva (*Jornal dos Sports*), Tomaz Mazzoni (*A Gazeta Esportiva*) e tantos outros encontraram como explicação para a vitória do Uruguai, a dedução de um gigante da psicologia aplicada. Quem era o gigante? Obdulio Varela.

Crônicas foram escritas sobre o impacto de Obdulio nos seus companheiros nos quinze minutos finais, após os 2 x 1 e a intimidação que ele exerceu nos jogadores brasileiros. Dedo em riste na cara de fulano e sicrano e assim por diante.

Na Rádio Tamoio, Badano, Semyno e Viejas Jayme acharam interessantes esses comentários. Eu os ouvia transmitir pelas ondas curtas da Rádio Tamoio, após a Copa, nos três dias subseqüentes, esses comentários como algo interessante, pois para eles, Obdulio não era esse gigante capaz de resolver uma partida.

Para nós brasileiros, todavia, Obdulio Varela apareceu como se a seleção do Uruguai só tivesse ele e mais ninguém. E para mim, os craques uruguaios eram Máspoli, Mathias Gonzales, Rodrigues Andrade e Schiaffino, esses as estrelas que mais me impressionaram.

Depois disso a CBD organizou, para o ano seguinte, a Copa Rio, que seria uma espécie de Pequena Copa do Mundo:

vencemos. O Palmeiras foi o campeão da Copa, e salvou a honra nacional. Parece-me que sem nenhum jogador integrante da Copa de 50. Mas essa é outra história.

Brasil na Copa de 1950

GRUPO I

Brasil 4 x 0 México
Data: 24/06/50
Local: Estádio Municipal do Maracanã, RJ
Árbitro: George Reader (Inglaterra)
Público: 81.649 pagantes
Gols: Brasil: Ademir (2), Jair e Baltazar
Brasil: Barbosa, Augusto (capitão), Juvenal, Ely, Danilo, Bigode, Maneca, Ademir, Baltazar, Jair e Friaça
México: Carbajal, Zetter e Montemayor, Ruiz, Ochoa e Roca, Septién, Ortiz, Casarin, Perez e Velásquez (capitão).

Brasil 2 x 2 Suíça
Data: 28/06/50
Local: Estádio Municipal do Pacaembu, SP
Árbitro: Ramón B. Azon (Espanha)
Público: 42.032 pagantes
Gols: Brasil: Alfredo e Baltazar
   Suíça: Fatton (2)
Brasil: Barbosa, Augusto (capitão), Juvenal, Bauer, Rui, Noronha, Alfredo, Ademir, Baltazar, Maneca e Friaça
Suíça: Stuber, Neury, Bocquet, Lusenti, Eggimann, Quinche, Tamini, Bickel (capitão), Friedlander, Bader e Fatton.

1950 – Porque perdemos

Brasil 2 x 0 Iugoslávia
Data: 01/07/50
Local: Estádio Municipal do Maracanã, RJ
Árbitro: Benjamin M. Griffiths (País de Gales)
Público: 138.987 pagantes
Gols: Ademir e Zizinho
Brasil: Barbosa, Augusto (capitão), Juvenal, Bauer, Danilo, Bigode, Maneca, Zizinho, Ademir, Jair e Chico
Iugoslávia: Mrkusic, Horvath, Stankovic, Tchaikowski I (capitão), Jovanovic, Djajic, Vukas, Mitic, Tomasevic, Bobek e Tchaikowski II.

TURNO FINAL

Brasil 7 x 1 Suécia
Data: 09/07/50
Local: Estádio Municipal do Maracanã, RJ
Árbitro: Arthur Ellis (Inglaterra)
Público: 138.886 pagantes
Gols: Brasil: Ademir (4), Chico (2), Maneca (1)
   Suécia: Andersson (pênalti)
Brasil: Barbosa, Augusto (capitão) e Juvenal, Bauer, Danilo, Bigode, Maneca, Zizinho, Ademir, Jair e Chico
Suécia: Svensson, Samuelsson e Erik, Nilsson, Andersson, K. Nordahl e Gaerd, Skoglund, S. Nilsson, Jeppsson, Palmer e Sundqvist.

Brasil em Copas do Mundo

Brasil 6 x 1 Espanha
Data: 13/07/50
Local: Estádio Municipal do Maracanã, RJ
Árbitro: Reginald Leafe (Inglaterra)
Público: 152.772 pagantes (novo recorde)
Gols: Brasil: Ademir (2), Jair, Chico(2) e Zizinho
   Espanha: Igoa
Brasil: Barbosa, Augusto (capitão) e Juvenal, Bauer, Danilo e Bigode, Friaça, Zizinho, Ademir, Jair e Chico
Espanha: Ramallets, Alonso e Gonzalvo II, Gonzalvo III, Parra e Puchades, Basora, Igoa, Zarra, Panizo e Gainza.

FINAL

Brasil 1 x 2 Uruguai
Data: 16/07/50
Local: Estádio Municipal do Maracanã, RJ
Árbitro: George Reader (Inglaterra)
Auxiliares: Arthur Ellis (Inglaterra) e Gumar Ahler (Suécia)
Público: 173.850 pagantes (recorde mundial)
Gols: Brasil: Friaça
   Uruguai: Juan Schiaffino e Ghiggia
Brasil: Barbosa, Augusto (capitão) e Juvenal, Bauer, Danilo, Bigode, Friaça, Zizinho, Ademir, Jair e Chico
Uruguai: R. Máspoli, Matias Gonzáles e Tejera, S. Gambetta, Obdulio Varela (capitão) e Rodrigues Andrade, Ghiggia, Julio Perez, Miguez, Juan Schiaffino e Moran.

Suíça 1954

Ano 1954
País Sede Suíça
Campeão Alemanha
Público 943.000

Cadeia Verde Amarela
Rádio Bandeirantes – São Paulo
Rádio Jornal do Comércio – Pernambuco

Eliminatórias no Chile e Paraguai
Locutor: Edson Leite
Comentarista: Barbosa Filho

Copa da Suíça:
Locutores: Edson Leite e Fernando Ramos – Recife
Comentaristas: Paulo Planet Buarque e Barbosa Filho.

1954

A síndrome húngara

Terminada a Copa de 1950, voltei ao Ceará, só que a essa altura eu já não pensava mais no Ceará como meu hábitat natural. A crônica esportiva do Ceará era magnífica e o futebol jogado pelos clubes do Estado também. Os *Diários Associados* eram líder da mídia local, com dois jornais e a Ceará Rádio Clube. Nomes como Luciano Carneiro, que veio para *O Cruzeiro*, na época a grande revista brasileira e Luiz Carlos Barreto, o famoso cineasta de hoje, eram figuras do jornalismo local com quem tive pouco contato, já que éramos de áreas diferentes, embora trabalhássemos na mesma empresa. Aliás, até hoje eu não compreendo como órgãos de comunicação do mesmo grupo não se entendem. Com a televisão acontece a mesma coisa. As equipes de jornalistas de jornal não se comunicam com a equipe de rádio, que por sua vez não tem relação com a equipe de jornalistas que trabalham na televisão, como se todos fossem inimigos e não participantes do mesmo grupo empresarial. E isso não vai mudar nunca.

O fato é que, entrando em férias, resolvi visitar parentes e amigos no Recife. Lá recebo um telegrama do meu amigo

Roschild Moreira, pedindo que eu realizasse uma cobertura jornalística para a Seleção Baiana de Novos que jogaria em Pernambuco e Paraíba. Roschild era o chefe de esportes do maior jornal baiano, *A Tarde*. Lá fui eu cobrir os jogos dos baianos. Na Paraíba, em João Pessoa, o jogo entre baianos e paraibanos foi um drama. O juiz, como sempre o juiz, paraibano da gema e oficial da Polícia Militar, só não fez gol para a Paraíba ganhar. Venceu a Bahia. E eu escrevi uma crônica, telegrafada pela Western (no Nordeste se chamava cabo submarino), com o título "Sangue, suor e lágrimas". Foi um sucesso tão grande que o jornal me convidou para passar uma semana em Salvador.

Fui, vi e fiquei. Conheci um paulista chamado Renato Silva, que ainda estava contratado pela Rádio Cultura, recém-inaugurada e grande concorrente da maior emissora da Bahia, a Rádio Sociedade. Logo após a minha chegada, o Renato Silva acertou sua transferência para a Rádio Sociedade de maneira tumultuada. Foi um assunto comentadíssimo. Quando fui apresentado como comentarista cearense e o homem da crônica "Sangue, suor e lágrimas", o Renato Silva convenceu a direção da emissora para que eu também fosse contratado. Não deu outra.

Começo a trabalhar na emissora em 1951 e até 1953 fiquei na Bahia como comentarista. Com a ida de Renato Silva para a Rádio Olinda de Pernambuco, passei a chefe de equipe da Rádio Sociedade.

O futebol baiano, nos idos de 1951, tinha um futebol magnífico. Além do Bahia, que estava crescendo com força popular, a Bahia tinha o Ipiranga, que era na época o dono da maior torcida do Estado, o Vitória, que estava crescendo como força de primeira grandeza e rival mais do Bahia que do Ipiranga, e o Galícia, que representava a colônia espanhola. Aliás, na mesma época da Seleção Baiana, o Galícia excursionava pelo Nordeste e eu efetuei a cobertura e fiquei muito amigo de um treinador já falecido que me ajudou muito: Sotero Monteiro.

Eu sou um cronista esportivo privilegiado em matéria de inauguração. O Maracanã, sem estar terminado, teve a sua *avant-premiére* com a Seleção de Novos de São Paulo e Rio,

1954 – A síndrome húngara

com Didi marcando o primeiro gol da história do Maracanã. Na Bahia, o estádio de futebol era ridículo: Era o Campo das Graças. Para se ter uma idéia, o Campo das Graças estava para a Bahia como o estádio das Laranjeiras para o Rio de Janeiro de hoje. Pequeno, mal-acabado e não comportando quinze mil pessoas. Nessa época então, o governador Otávio Mangabeira resolveu construir um estádio à altura da Bahia e construiu a Fonte Nova, tendo como seu secretário o eng. Peltier de Queiroz.

A Rádio Sociedade da Bahia, sob a direção do famoso jornalista associado Odorico Tavares, inaugurava na época os seus transmissores de 100 kilowats. E eu tive a honra, no período pré-inaugural, de trabalhar com o homem que foi mandado do Rio para organizar a programação dos baianos, Almirante, na época um dos grandes nomes do Rádio brasileiro.

Na Bahia como destaque transmiti a Copa Rio de Janeiro. Pela primeira vez o Rádio baiano fez uma cobertura completa de um torneio internacional. Vi o Palmeiras ganhar a Copa Rio e praticamente reabilitar o futebol junto ao público, depois da derrota de 1950. Aliás a Copa foi feita exatamente para levantar o moral do torcedor, e vejam: Embora com clubes cariocas, ganhou o Palmeiras que não tinha nenhum jogador integrante da Seleção de 1950.

Nessa época meu nome já era conhecido como radialista de primeiro time. E aí surgiu uma outra oportunidade. Idos de 1953, recebo uma proposta irrecusável da Rádio Jornal do Comércio. Vocês devem recordar um *slogan* que o Brasil achou ufanista e bairrista demais quando a Rádio Jornal anunciava: "Pernambuco falando para o Mundo...".

Esse ufanismo era uma realidade, numa época sem Embratel, sem rede de rádio servindo a todo o território nacional, obra de uma firma estrangeira com o nome de Radional, cuja comunicação era por transmissores de onda curta e cujos telefones funcionavam de maneira intermitente. A Rádio Jornal iniciava sua vida radiofônica com transmissores Marconi e com ondas curtas de 49, 19, 25 e 31 metros. Nessa época ainda não existia a guerra de ondas curtas dos Estados Unidos,

Rússia, Cuba, Alemanha, Inglaterra etc., que entrando nessas faixas com programas em diversas línguas e transmissores de 500 kilowats acabaram liqüidando com a onda curta brasileira.

Exceção da Nacional e da Tupi Rio, só a Rádio Jornal transmitia para o Brasil, a tal ponto de o Repórter Esso e a programação da Rádio Nacional na época serem retransmitidos em parte pela onda curta da Rádio Jornal para a Força Expedicionária brasileira, no Canal de Suez no Egito, pois só a Rádio Jornal era ouvida. Daí o ufanismo.

Ao chegar ao Recife já se falava na Copa da Suíça, e nessa época a Rádio Bandeirantes de São Paulo inaugurava sua onda de 25 metros, que entrava no Nordeste com a mesma nitidez com que as ondas da Rádio Jornal em São Paulo, tinham um mesmo patrocinador, a Gillete do Brasil. Vim a São Paulo procurar a Bandeirantes, apresentado pela firma de representação da Rádio Jornal no Rio, que era a mesma da Bandeirantes. Queria propor uma união das ondas curtas para a transmissão em todo o Brasil da Copa do Mundo de 1954.

Nessa reunião, em São Paulo, com Murilo Leite e Edson Leite, diretores da Bandeirantes, criamos *A Cadeia Verde Amarela Norte Sul do Brasil* no setor esportivo. E fizemos algo inédito no Rádio Brasileiro. Numa só transmissão, conseguimos conversar via onda curta de Recife para São Paulo e vice-versa. Como? Os operadores das emissoras sintonizavam a onda curta e mediante um sinal pré-combinado, quando São Paulo chamava ou Recife chamava invertiam-se as chaves do link no estúdio e fazíamos a cadeia acontecer. Assim nasceu a Cadeia Verde Amarela.

E aí montamos a equipe de 1954, Fernando Ramos, eu, Barbosa Filho, e Edson Leite, Paulo Planet Buarque e outros pela Bandeirantes. Iniciou-se pelas eliminatórias da Copa de 1954.

1954 – A síndrome húngara

:: As eliminatórias
:: Como ganhamos e como transmitimos
:: Veludo, a salvação do Brasil

Caímos no Grupo 12, com Chile e Paraguai.

E não foi fácil. Tínhamos de jogar primeiro fora de casa e depois no Brasil. Primeiro jogo contra o Chile, ganhamos de 2x0 em Santiago, jogou o goleiro Veludo por escolha de Zezé Moreira.

Veludo era reserva de Castilho, que era o titular, e foi a nossa salvação.

Recordo que o Estádio Nacional estava lotado, o jogo em 0x0, Veludo fez duas defesas nos pés do centroavante do Chile, Salvando o Brasil. Se na oportunidade o Chile desempata o jogo a coisa ficaria difícil.

No Paraguai foi pior; ganhamos de 1x0, gol de Baltazar e de maneira primitiva no estádio pequeno. Recordo que o Edson Leite transmitiu o jogo e eu comentei em cima da caixa d'água do estádio, junto ao vestiário do Brasil. O operador foi o legendário Libório e nós levamos um transmissor de UHF ou coisa parecida para transmitir. Trabalhamos pela primeira vez com o famoso retorno no ouvido, porque tanto a onda curta da Bandeirantes como a da Rádio Jornal chegavam em Assunção. Para mim, foi a primeira jornada internacional. E embora as transmissões da época marcassem uma epopéia do rádio brasileiro, valeu o esforço.

Na volta ao Brasil ganhamos do Chile por 1x0 e de 4x1 do Paraguai, com uma enchente de público, se não me engano superior aos jogos da Copa de 1950. Foi marcado um recorde que nunca mais foi quebrado.

Estávamos prontos para 1954.

:: O Brasil e a mídia
:: Fatores principais da eliminação do Brasil

Ao escrever este capítulo, não vai aqui a idéia de responsabilizar este ao aquele colega da imprensa, principalmente da imprensa escrita pela *débâcle* do Brasil, alguns já mortos, outros não trabalham mais, enfim, apenas defendo o meu ponto de vista; o que vi nas Copas e o que guardei ao longo desses cinqüenta anos de atividade.

Vou explicar o meu ponto de vista.

Como em 1950, a Hungria conseguiu sua classificação sem jogar. A exemplo do Uruguai, que não jogou contra Peru e Bolívia pela desistência de ambos, a Hungria se classificou com a desistência da Polônia. E aí, nos amistosos disputados, começou a despontar o grande futebol dessa seleção e de seus craques de maior expressão: Puskas e Kocsis.

Começaram as comparações da imprensa. Diziam que o Brasil não tinha um bom time, que Zezé Moreira não era um grande treinador; isso foi uma das maiores injustiças que se cometeu no Brasil com esse homem, que teve sua efígie queimada como "boneco de trapos" após nossa derrota. Mas o fato é que a imprensa inteira convenceu o público da invencibilidade da Hungria e sua força total. A tal ponto que o próprio torcedor achava que se o Brasil jogasse com a Hungria, não ganharia. Lembro, por exemplo, uma famosa série de Geraldo Romualdo da Silva no *Jornal dos Esportes* do Rio sobre a seleção húngara e o perfil dos seus jogadores. Em suma, às vésperas da Copa, a Hungria tinha mais prestígio que a seleção brasileira.

Ficamos em Lausanne, e não posso deixar de registrar esse fato: ficamos hospedados numa pensão/hotel confortável e limpíssima, mas como tomávamos banho quase todo dia e o banho era pago, a senhora que gerenciava o hotel veio perguntar a um dos companheiros se nós tínhamos alguma doença

1954 – A síndrome húngara

em função da necessidade do banho. Tivemos de explicar a situação, mesmo porque naquela época o chuveiro era raro, banho só de banheira e daí o trabalho...

Quando se pensa que em 1954 só trinta e quatro brasileiros compunham a delegação do Brasil e em outras Copas é um festival de desperdício de cartolas. Aí a gente sente como mudou, e muito, o futebol.

A fama da Hungria estava feita. Afinal durante quatro anos, antes da Copa, a seleção húngara estava invicta, jogou e ganhou ou empatou contra todos os adversários. Em trinta e um jogos só empataram quatro. Com isso, criaram a fama que nós, aqui no Brasil, não só reconhecemos, mas como é de nosso costume, exageramos na comparação com a nossa seleção. Na Suíça, os húngaros também já eram considerados favoritos e campeões por antecedência. Mesmo sem Kubala, seu centroavante que fugira da Hungria antes da Copa. A Hungria sequer considerou importante a defecção de Kubala como fator de enfraquecimento do time.

O Brasil chegou modestamente, embora considerado uma força. O futebol sul-americano era desconhecido. A Segunda Guerra Mundial, terminada a menos de dez anos e a falta de intercâmbio influíram muito. Até aquela época, o transporte de um país ou de um continente a outro só era feito de navio. Já em 1954, com os Constellations da Panair, que levavam, via África, quase um dia para chegar à Europa, melhorou um pouco. O futebol brasileiro era conhecido como vice-campeão de 50. A imprensa suíça e mundial não tomou conhecimento do Brasil. Para nossa vaidade de brasileiros, era lamentável.

Quem eram os "cobras" de 1954? A Hungria, virtual campeã do mundo por antecipação e consenso geral. Pela seleção da Áustria tinha-se muito respeito. Era um grande time liderado por um extraordinário jogador, Ocwirk. Nessa época, estava começando a agonizar a WM, a tática inglesa usada na Europa. Ocwirk era o *center-half*, seria o nosso centro-médio; era um jogador extraordinário. Do time austríaco todo só me recordo de Ocwirk, que na Copa Rio já havia demonstrado a sua categoria, jogando em seu clube o Rapid de Viena. Depois de Hungria e Áustria vinha a Inglaterra. Aliás a Inglaterra sempre foi o "Belo Antônio das Copas" que disputou. Com a "banca" de inventores do futebol, os ingleses achavam que tinham de ganhar pelo respeito do adversário. Uma pose que não valeu nada. E finalmente a Itália, como sempre, uma força de respeito: E o Brasil? "Necas", era apenas um time do futebol sul-americano sem nenhuma tradição para os suíços.

E olha que a Hungria estava com tudo. De todos os jogos da Copa do Mundo, a única seleção que lotou o estádio foi o time da Hungria. Enquanto o Brasil chegou a trinta mil pessoas, contra a Iugoslávia, seu maior público, empatamos, 1x1, com gol de Didi. A Iugoslávia ainda trouxe de volta o grande Mitic e Vukas, que jogaram em 1950. Tínhamos um ataque respeitável: Julinho, Didi, Baltazar, Pinga e Rodrigues. Empatamos e nos classificamos com os Iugoslavos.

Mas voltemos à Hungria.

A não ser no jogo de estréia contra a desconhecida Coréia do Sul, derrotada pela máquina húngara por 9x0, o público demonstrou claramente sua preferência nesse mundial. Nesse jogo, menos de quinze mil pagantes.

Depois, vejam bem, os 9x0 mostraram claramente a todos que a Hungria chegava para ganhar a Copa. Nesse jogo Puskas se contundiu. Kocsis, que teoricamente seria o substituto de Kubala, marcou três gols e foi o artilheiro desse jogo.

Já imaginaram! Para os suíços, que não entendiam muito de futebol, país escolhido ainda numa posição politicamente correta da FIFA, pois a neutralidade suíça não afetaria as relações dos países após a guerra, terminada em 1945. Parece muito, mas nove anos não apagam as cicatrizes de uma guerra, e só na Suíça é que ingleses, italianos, alemães e os países da cortina- de-ferro, entre eles a Iugoslávia, a Hungria, Tchecoslováquia poderiam encontrar-se. Louve-se mais uma vez a figura extraordinária de Jules Rimet.

A vitória trouxe o torcedor suíço para campo, além dos turistas húngaros. Vejam bem Hungria 8 x Alemanha 3, quase

1954 – A síndrome húngara

sessenta mil pagantes. Creio que cerca de cinqüenta e seis a cinqüenta e oito mil pagantes. Eu não tenho os dados estatísticos guardados. Lembro sim do público pelo que se comentava. Hungria e Brasil em Berna, capital da Suíça, público: Quase sessenta e cinco mil torcedores. Hungria e Uruguai trinta e sete mil pagantes em Lausanne. Hungria e Alemanha na final, em Berna, com lotação esgotada. Os mesmos sessenta e cinco mil da partida anterior contra o Brasil. Nenhuma seleção, nessa Copa, levou tanta gente aos estádios.

:: O jogo Hungria 4 x Brasil 2

O jogo Hungria 4 x Brasil 2, perdemos sim, mas eu acho que além do fator futebol e da qualidade do jogo da Hungria, dava para ganhar. Nós fomos derrotados – e essa é minha opinião pessoal –, antes do jogo, pela situação psicológica do jogador e da nossa delegação. Para todo mundo era impossível ganhar da Hungria. Os 9x0 da Coréia e os 8x3 na Alemanha, principalmente o placar elástico contra a Alemanha, desanimaram o torcedor brasileiro no Brasil e, principalmente, a nós da crônica esportiva.

Até hoje não se sabe o que aconteceu. O ataque de Julinho, Didi, Baltazar, Pinga e Rodrigues, que vencera o México na estréia por 5x0 e empatara de 1x1 com a Iugoslávia, foi modificado para a partida contra os húngaros. Fomos para o jogo com Julinho, Didi, Índio, Humberto e Maurinho.

O que pensou o meu amigo Zezé Moreira, na época, para mudar o ataque? Só contusões? Difícil. Ordem tática? Possivelmente. Contra os húngaros, que eram estilistas, acredito que, ao escalar o Maurinho, aquele ponta do São Paulo que driblava bem, e o Julinho pela direita, a intenção do Zezé era desequilibrar o sistema defensivo em WM dos húngaros e permitir que um homem de choque como Humberto entrasse para fazer os gols do Brasil.

O fato é que o time brasileiro entrou em campo com os nervos à flor da pele. Toda aquela carga emocional oriunda do Brasil, na fase de treinamento, sobre a força da Hungria, pesou na balança. Naquela fase pré-copa, toda vitória da Hungria era manchete na imprensa brasileira e, naquela época, o jornal tinha mais força que o Rádio. Eram os comentários dos jornalistas da mídia impressa que prevaleciam e comandavam a opinião pública e todos escreviam suas matérias falando, unanimemente, da força irresistível dos húngaros. Puskas era mais conhecido que qualquer jogador brasileiro da época. E vejam só: Contundido, Puskas não jogou.

O fato é que aos quatro minutos de jogo a Hungria fez 1x0, gol de Hidegkuti, aos sete minutos, escorando um escanteio. Pinheiro, na pequena área, com a bola dominada, ao invés de dar um chutão para fora, resolveu driblar, driblou o primeiro, o segundo, no terceiro perdeu a bola. Kocsis fez Hungria 2x0. Logo depois pênalti e 3x0 para a Hungria. O mundo desabou, em nossas cabeças. O choque não foi maior porque o Brasil inteiro temia a Hungria. Achava que contra a Hungria não dava mesmo. Mas vejam vocês: Castilho não saiu do gol no escanteio de Kocsis e o gol de Hidegkuti saiu também do nervosismo do Brasil. Ante a velocidade inicial dos húngaros, nossa defesa ficou inteiramente parada.

Mesmo assim reagimos. Os húngaros acharam que o jogo estava liqüidado e com isso diminuíram o seu ritmo. Tivemos um pênalti a nosso favor e Djalma Santos marca. O Brasil cresce, mas o ataque não se entendia dentro de campo. A mudança tática de Zezé não funcionou e quando Kocsis fez o quarto gol a coisa acabou. E para azar nosso, Nílton Santos, o líder do time, foi expulso. Humberto também deu uma de "machão" e acabou fora de jogo. Boszik também foi expulso. Mas com nove homens e sem a presença e personalidade de Nílton Santos, não tivemos chance nenhuma. Por isso é que eu digo: A situação psicológica foi o maior adversário do Brasil. Para entender

1954 – A síndrome húngara

a situação basta, este fato: A expulsão de Nílton Santos.

Aí vem a desculpa da arbitragem, da qual não compactuei. Quem apitou foi Artur Ellis, que tinha estado no Brasil em 1950. Apitou ao estilo europeu, em que jogada mais brusca, em disputa de bola, não é falta. Deu dois pênaltis, um para o Brasil e outro para a Hungria e teve gente que achou que o nosso foi pênalti claro, o cometido pelos húngaros, mas aquele contra nós a favor da Hungria... vocês conhecem a música.

O fato é que saímos da Copa como entramos: sem muita repercussão. E aí, com a vitória da Alemanha por 6x1 contra os bons austríacos e com cinqüenta e oito mil pagantes, a Alemanha ficou aguardando o jogo entre Uruguai e Hungria. Eu acho que os húngaros facilitaram um pouco. Vi essa partida em Lausane, com trinta e sete mil pagantes, mesmo porque o estádio não era lá essas coisas. Acredito que nessa partida a Hungria marcou 2x0 e achou que tinha liqüidado o jogo; engano, o Uruguai, quando sentiu que os húngaros estavam satisfeitos, reagiu e empatou o jogo. Hohberg, um centroavante pesadão mas com grande poder de penetração, marcou os dois gols do Uruguai.

Nesse tempo não tinha decisão por pênaltis nem morte súbita. O jogo foi para a prorrogação e novamente o grande Kocsis marcou os dois gols da sua equipe. Vitória final da Hungria: 4x2.

A seleção uruguaia não era a mesma de 1950. Estavam lá Máspoli, Rodrigues Andrade, Schiaffino titulares de 1950, mas não estavam Ghiggia e Obdulio Varela, que não jogaram esta partida. Ambos estavam se despedindo das Copas nessa época. Era um time mais limitado, embora acabasse em quarto lugar, na frente do Brasil. Nós ficamos em sexto, atrás da Suíça. Creio que foi a pior classificação do Brasil em um mundial.

E a vitória? Hungria x Alemanha, final da Copa. Lembram o favoritismo do Brasil contra o Uruguai? A mesma coisa aconteceu. Puskas, que não vinha jogando, exigiu sua presença na decisão contra a Alemanha, mesmo sem estar totalmente recuperado. Afinal a Hungria tinha derrotado a Alemanha por

8x3 e isso deu uma falsa confiança ao time da Hungria. A Copa estava no "papo".

Novamente em Berna, no maior estádio da Suíça, mais uma vez, lotado, mesmo porque na Europa e na Suíça em particular, já naquele tempo, não tinha essa história de vender acima da lotação, todo mundo tem lugar marcado e se comprar o ingresso e não for, o lugar fica vazio. Muito parecido com o Brasil, onde o cidadão compra sua cadeira coberta no Pacaembu e não encontra seu lugar, que está tomado pelos penetras. É assim em toda parte no Brasil.

Jogo final, temperatura agradável, todo mundo de paletó e gravata, um negócio ultracivilizado, o público aplaudindo toda jogada bonita, sem preferência. Foi uma lição, muito grande, para nós brasileiros, acostumados com a alegre bagunça que impera em nossos estádios até hoje.

Todo mundo fala da estratégia de Seep Herberger, o lendário técnico alemão. Como pode ser derrotado por 8x3 e dias depois ganha o jogo da decisão, contra esse mesmo adversário? Falou-se de estudos técnicos e táticos e, até, de malandragem, para perder de oito gols e, assim, enganar os húngaros a respeito da força do time alemão e outras baboseiras mais. Gente, nenhuma seleção, principalmente em uma Copa, para esconder o jogo perde de oito; isso é "conversa mole para boi dormir".

Ocorreu com a Hungria o mesmo que ocorrera com o Brasil contra o Uruguai.

Em 1950, nós fizemos 1x0 contra os uruguaios, gol de Friaça, com um começo arrasador da seleção brasileira.

Em Berna foi a mesma coisa. A seleção da Hungria começou com a corda toda. Aos quatro minutos Puskas fez 1x0, aos oito minutos Czibor faz 2x0 para a poderosa seleção magiar. Simplesmente aconteceu, 2x0 nos primeiros oitos minutos. Pois bem, a Hungria achou que seria a repetição dos 8x3 do primeiro jogo, e descansou.

Ao longo da minha carreira de comentarista esportivo, tenho sempre dito que 2x0 é um escore "engana trouxa". Os

1954 – A síndrome húngara

2x0 dão a falsa impressão para o time que está ganhando que a fatura está liqüidada e então, geralmente, o time se descuida, fica tocando a bola, diminui o ritmo da velocidade no ataque, abre espaços, em apenas duas palavras: acomoda-se.

O adversário, por outro lado, se anima com aquela acomodação e, quantas vezes, tenho assistido uma vitória teoricamente fácil de 2x0 se transformar em um pesadelo com o empate e até a derrota, e olha, não existe técnico que consiga fazer com que o seu time marque 2x0 e continue jogando, e não há técnica que consiga fazer com que nos 2x1 o time não recue para garantir a vantagem.

Foi o que aconteceu. Se no jogo do Brasil contra a Hungria o nosso time estava psicologicamente derrotado e as alterações ofensivas quebraram a unidade do conjunto, na Hungria o negócio foi mais ou menos o mesmo. Puskas, contundido, começou a sentir a contusão e diminuiu o seu ritmo. E para azar dos húngaros, dois minutos depois, aos dez minutos, Morloch marcou para a Alemanha. Susto entre os húngaros.

Nova revisão do jogo, e enquanto os húngaros procuram diminuir o impacto do gol, Rahn, extraordinário ponteiro alemão, talvez o melhor da Copa, marca o gol de empate, passe de Fritz Valter. Aliás, no meu entender, o Fritz Valter está para a Alemanha, como Nílton Santos para o Brasil. Era o pêndulo da conduta alemã em campo. Nós tivemos azar com o nervosismo de Nílton Santos e com sua expulsão. Os alemães tiveram em Fritz Valter o Obdulio Varela deles, o Nílton Santos deles, o homem que liderou o time.

Primeiro tempo 2x2. Mesmo assim todos aguardavam o segundo tempo certos de que a Hungria acabaria com o jogo. Nada disso.

Volto à tese do impacto psicológico. A Hungria voltou para o segundo tempo sem ser aquele time arrasador de todos os jogos anteriores, inclusive do começo do jogo contra a Alemanha. Em todas as suas partidas, os húngaros sempre marcavam nos primeiros dez minutos. Esse começo arrasador e essa característica de marcar de saída desmoralizava os seus adversá-

Brasil em Copas do Mundo

rios. Só que eles não estavam acostumados à réplica imediata. E isso é que deu o título de campeão do mundo aos alemães. Ao empatar, nos primeiros vinte minutos, perdendo de 2x0, a Hungria é que se acautelou.

Sua confiança foi abalada. Puskas não quis sair, prejudicando o time e exatamente pela cautela do segundo tempo é que a Hungria perdeu o jogo. Aos trinta e nove minutos do segundo tempo, quando não tinha mais tempo, Rahn marca o terceiro gol da Alemanha e liqüida com o jogo, com a Copa e com o mito da invencibilidade húngara.

Assim é o futebol.

Brasil na Copa de 1954

OITAVAS-DE-FINAL

Brasil 5 x 0 México
Data: 16/06/54
Local: Estádio F. C. Servette, em Genebra
Árbitro: Paul Wissling (Suíça)
Público: 17.500 pagantes
Gols: Brasil: Baltazar, Didi, Pinga (2) e Julinho
Brasil: Castilho, Pinheiro e Nílton Santos, Djalma Santos, Brandãozinho e Bauer (capitão), Julinho, Didi, Baltazar, Pinga e Rodrigues
México: Mota, Lopes e Romo, Gomez, Cardenas e Avalos, Torres, Naranjo (capitão), Lamadrid, Balcazar e Arellano.

1954 – A síndrome húngara

Brasil 1 x 1 Iugoslávia
Data: 19/06/54
Local: Estádio La Pontaise, em Lausanne
Árbitro: Edward Faultless (Escócia)
Público: 30.000 pagantes
Gols: Brasil: Didi
      Iugoslávia: Zebec
Brasil: Castilho, Pinheiro e Nílton Santos, Djalma Santos, Brandãozinho e Bauer (capitão), Julinho, Didi, Baltazar, Pinga e Rodrigues
Iugoslávia: Beara, Stankovic, Crnkovic, Tchaikowski I (capitão), Horvat, Boskov, Milutinovic, Mitic, Zebec, Vukas e Dvornic.

Classificados : Brasil e Iugoslávia

QUARTAS-DE-FINAL

Hungria 4 x 2 Brasil
Data: 27/06/54
Local: Estádio Wankdorff, em Berna
Árbitro: Arthur Ellis (Inglaterra)
Público: 63.200 pagantes
Gols: Brasil: Djalma Santos (pênalti) e Julinho
      Hungria: Hidegkuti, Kocsis(2) e Lantos (pênalti)
Brasil: Castilho, Pinheiro e Nílton Santos, Djalma Santos, Brandãozinho e Bauer (capitão), Julinho, Didi, Índio, Humberto e Maurinho
Hungria: Grosics, Buzanszky, Lantos, Bozsik (capitão), Lorant, Zakarias, M. Toth, Kocsis, Hidegkuti, Czibor e J. Toth.

Brasil desclassificado

Suécia 1958

Ano 1958
País Sede Suécia
Campeão Brasil
Público 868.000

Cadeia Verde Amarela
Locutores: Edson Leite e Pedro Luís
Comentaristas: Mário Moraes e Barbosa Filho

Os comentários de abertura, meio tempo e final eram feitos pelas ondas curtas da Bandeirantes e Jornal do Comércio simultaneamente. Na época, foi uma das grandes realizações do rádio esportivo. Não existia a Embratel. Os poucos canais da Radional e Radiobrás eram dominados pelo Rio e São Paulo. As emissoras cariocas com a Radiobrás e as paulistas com a Radional.
As gaúchas, principalmente a Guaíba, tinham um grande contato com empresas suíças que fizeram a transmissão via SSB. Mendes Ribeiro, saudoso e grande amigo, consagrou-se nessa Copa.

1958

A vitória do Marechal

Após a copa de 1954, na Suíça, uma coisa era certa: a Rádio Bandeirantes e a Rádio Jornal do Comércio do Recife tinham realmente unido o Brasil e implantado pela primeira vez no rádio esportivo uma cadeia de comunicação nacional. Os vinte e cinco metros da onda curta da Bandeirantes e os vinte e cinco e os trinta e um metros da Rádio Jornal proporcionaram a agradável surpresa de integração de duas emissoras e de uma enorme quantidade de emissoras que, de outra forma, não teriam oportunidade de transmitir a Copa de 1954.

A Cadeia Verde Amarela Norte Sul do Brasil passou a ser indicação de prefixo das duas emissoras, que ao longo de decisões paulista, carioca e jogos do Brasil estavam sempre no ar sob o comando da Bandeirantes e da Rádio Jornal.

Nos idos de 1954 a 1958 os problemas de comunicação para transmissão esportiva eram enormes. São Paulo e Rio, com um serviço telefônico superior, se integravam nos torneios Rio–São Paulo e o interior paulista começava a ser sacudido também pelas transmissões esportivas.

Fora do eixo Rio–São Paulo, só as emissoras do Rio Grande do Sul, que sempre foram independentes do resto do Brasil, tinham uma tradição de grandes eventos. Com a inauguração da Rádio Guaíba, a rivalidade com a Gaúcha e com a Farroupilha fez a radiofonia crescer em terras gaúchas. Surgiu com força, pela inoperância das comunicações fáceis, o SSB, um transmissor de alta freqüência que passou a desempenhar um papel importante nas transmissões internacionais. Nas eliminatórias de 1954, por exemplo, a Bandeirantes transmitiu do Paraguai pelo SSB. Os gaúchos aperfeiçoaram esse sistema. Além de uma ligação da Rádio Guaíba com a Suíça, que lhe permitiu grandes furos.

Nesse tempo, ainda não havia a integração no futebol brasileiro. Praticamente eram desconhecidas, do grande público do território nacional, equipes como Internacional e Grêmio de Porto Alegre; Sport, Náutico e Santa Cruz do Recife; Atlético e Cruzeiro de Minas e outras grandes equipes regionais como o Remo de Belém, o Ceará de Fortaleza, o Coritiba e o Atlético de Curitiba etc. Os campeonatos eram regionais e existiam as Ligas interioranas, as famosas Ligas que garantiram pelo voto a manutenção de dirigentes esportivos por muitos anos na direção das federações regionais.

Em Recife, o cacique de Pernambuco era Rubem Moreira, que juntamente com Mendonça Falcão de São Paulo, Corrêa do Rio Grande do Sul, Osório Vilas Boas da Bahia mandavam no futebol brasileiro. A influência era apenas no Brasil, a política internacional sempre foi comandada pela CBD depois CBF.

Antes de cinqüenta e oito houve uma grande transformação no futebol. Capitaneados por João Havelange, um remador de pouca presença no futebol e com o lançamento de Silvio Pacheco como candidato da oposição e Havelange de vice-presidente, houve um grande intercâmbio no futebol brasileiro.

A eleição de Silvio Pacheco só aconteceu porque os "caciques" regionais do futebol se uniram. A liderança de Rubem Moreira no Nordeste acabou decidindo a parada, já que os votos da Bahia a Manaus determinaram a vitória de Silvio Pacheco. Nessa época, entusiasmado com a política esportiva e utilizan-

1958 – A vitória do Marechal

do a enorme audiência que eu dispunha no Nordeste e Norte, pela força da onda curta da Rádio Jornal, fui um dos mais entusiastas defensores da candidatura Silvio Pacheco. Visitei com Rubem Moreira a maioria dos presidentes regionais de futebol e tive a oportunidade de conhecer e viajar com o então candidato a vice-presidente João Havelange, que acabou como presidente depois que Silvio Pacheco, por motivos particulares, renunciou à presidência da entidade brasileira.

Não havia grandes acontecimentos no período de 1954 a 1958 no futebol brasileiro. A "ferida" de 1950 ainda persistia e como somos um país em que o pessimismo reina, nossa derrota em 1954 para a Hungria criou no espírito de todos a idéia de que nosso futebol era para consumo interno, não tinha chance de ser campeão do Mundo.

O único evento importante nesse período foi sem dúvida o aparecimento de um jogador que transformaria o futebol brasileiro e encantaria o mundo: Edson Arantes do Nascimento, Pelé.

Com Pelé e Garrincha o futebol brasileiro começou a escrever a sua nova história.

E tudo começou na Suécia, na Copa do Mundo, em 1958...

:: 1958 – A Copa que mudou o Brasil

Para começo de conversa, a seleção brasileira de 1958 saiu do Brasil sem crédito algum. Lembro 1970, quando a seleção foi vaiada no Pacaembu sob a "batuta" de Zagalo. A própria indicação de Feola foi um dos fatores dessa "briga" iniciada mais uma vez pela eterna rivalidade entre cariocas e paulistas.

O Rio de Janeiro não aceitava com tranqüilidade a indicação de Feola, mais um funcionário do São Paulo F. C. do que propriamente técnico de futebol, para dirigir a seleção brasileira.

Embora convocando, pela primeira vez, cariocas e paulistas

quase em números iguais, a situação não conseguiu sensibilizar os cariocas. Em São Paulo, também aconteceu a mesma coisa. Dois grandes comentaristas, já falecidos, se posicionaram contra Feola e a seleção.

Como o rádio ainda era uma força poderosa ao lado dos jornais, o clima ficou terrível para a seleção brasileira.

A nova diretoria da Confederação Brasileira, entretanto, manteve sua posição, mesmo porque, com a influência de João Mendonça Falcão na CBF, tinha sido convidado para dirigir a nossa delegação o Dr. Paulo Machado de Carvalho, de São Paulo.

Aqui merece um destaque todo especial para o Dr. Paulo Machado de Carvalho: primeiro, era apaixonado pelo futebol; segundo, sua força jornalística era enorme. Ele comandava duas grandes emissoras paulistas: a Rádio Jovem Pan e a Rádio Record. A Rádio Jovem Pan era a grande força de audiência em São Paulo e em fase de crescimento, com a Rádio Bandeirantes em segundo lugar. A Jovem Pan dispunha da dupla mais famosa do Rádio paulista na época: Pedro Luiz e Mário Moraes, e arrisco afirmar que, dessa época até hoje, nenhuma dupla em rádio logrou a audiência maciça que tinham esses dois grandes homens junto à opinião pública de São Paulo.

Ninguém nega um fato: O Dr. Paulo Machado de Carvalho ganhou o título de Marechal da Vitória após 1958 e confirmado em 1962, com um detalhe extraordinário: mesmo sendo chefe da delegação, jamais cerceou sua equipe quanto ao direito da crítica, na Jovem Pan não impôs nenhuma censura a Pedro Luiz e Mário Moraes, nem ao Geraldo José de Almeida na Rádio Record.

Nenhum chefe de delegação brasileira, ao longo da história do nosso futebol, teve a força executiva do Dr. Paulo Machado de Carvalho em 1958. Em 1962 ele mandou muito. Mas não tanto como em 1958. O próprio João Havellange, que chefiou o Brasil em 1966 na Inglaterra, não tinha a força executiva do Dr. Paulo Machado de Carvalho. Outra coisa: tanto em 1958 como em 1962 a delegação brasileira, além dos jogadores, só tinha treze pessoas na sua composição. A figura do assistente técnico ainda não existia. Existia o observador técnico, que seria o "olheiro" de hoje, ou seja o homem que assistia os jogos dos adversários do Brasil. Em 1958, criou-se o cargo de psicólogo da seleção. Idéia do Dr. Paulo Machado; O Dr. João Carvalhaes foi o profissional indicado. E acabou aí a figura do psicólogo. Conta-se que ao fazer testes de ordem psicológica, o Dr. Carvalhaes teria vetado Garrincha, por achar que o raciocínio de Garrincha estava abaixo dos padrões psicológicos. O Dr. Paulo Machado mesmo assim levou Garrincha e em 1962 ele não tinha mais psicólogo na sua delegação...

A figura do dentista também só "emplacou" em 1958. O Dr. Mário Trigo foi o escolhido e prestou grandes serviços junto aos jogadores, mais como relações públicas do que, propriamente, como dentista.

Pela liderança executiva do Dr. Paulo Machado de Carvalho é que entendo e justifico a presença de Feola como técnico. Seria, como foi, um treinador ligado ao chefe da delegação, disposto a ouvir e encontrar soluções para o time brasileiro, sem aquela onda que existe até hoje, do técnico que não admite interferência. Em 1954, por exemplo, Zezé Moreira não ouvia praticamente a ninguém, principalmente os chefes da delegação. Na Itália, Ricardo Teixeira não falava com o treinador do Brasil, Sebastião Lazaroni, e assim por diante.

Portanto, minha opinião pessoal é a seguinte: Feola era o homem de confiança do Dr. Paulo Machado de Carvalho. Em 1958 não tínhamos ainda a política que impera hoje no futebol e os altos interesses comerciais e financeiros que têm prejudicado o futebol brasileiro ao longo das Copas. Portanto ficou Feola, contra a opinião dos cariocas e a desconfiança dos "papas" da crônica esportiva de São Paulo, e por que não dizer, até do resto do Brasil, cuja opinião regional era importante, mas não refletia em todo o território nacional.

Brasil em Copas do Mundo

:: O crepúsculo do rádio esportivo

A Copa do Mundo realizada na Suécia foi a última grande Copa do rádio esportivo.

Ainda transmitimos os jogos da Suécia via Radional e Radiobrás. Só os gaúchos transmitiram via Suíça, dentro de uma conexão especial que as Rádios Guaíba e Gaúcha guardavam a sete chaves...

A Cadeia Verde Amarela continuava forte. Mas eu não fui à Suécia e participei da Copa da seguinte maneira: nas eliminatórias, a Rádio Jornal transmitiu, isoladamente, comandando uma rede de emissoras do Nordeste, a mesma rede que integrava a Cadeia Verde Amarela. Com dificuldade, tínhamos o som Radional para o Recife, que era sede regional desse grupo de comunicação, em condições de atendimento iguais ao Rio e São Paulo.

Nas eliminatórias, vejam essa quase coincidência com o Uruguai: em 1950, o Uruguai e o Paraguai se classificaram na mesma chave, sem jogar, pela desistência de Peru e Equador; em 1958, a chave do Brasil era Venezuela, Peru e Brasil. A Venezuela desistiu, ficamos pois com um só adversário: o Peru.

No jogo de Lima, participei da transmissão do jogo pela Cadeia Verde Amarela, utilizando as ondas curtas. Participei da abertura, do encerramento e no intervalo comentei para o Recife e Nordeste, já que o comentarista da Bandeirantes estava ao vivo em Lima. O jogo do Rio, transmitimos isoladamente. Era meu companheiro nessa época, infelizmente já falecido, o grande Fernando Ramos, que formou comigo na Rádio Jornal uma dupla de enorme audiência na região.

O Brasil classificou-se com um gol histórico de Didi, pois ganhamos de 1x0 com dificuldades enormes no Rio, já que havíamos empatado em Lima pelo placar de 1x1. Nosso técnico era Osvaldo Brandão, que renunciou à direção da seleção

1958 – A vitória do Marechal

após classificá-la. Brandão nunca explicou definitivamente porque deixou o comando técnico da seleção.

Somando as incipientes Copas de 30, 34, 38, e as de 50 e 54, não erro em afirmar que a Copa de 1958 foi a maior delas e com um detalhe importante: marcou, também, definitivamente o fim do amadorismo dos mundiais de futebol. Com isso o evento cresceu, principalmente, na utilização do marketing, entretanto, tenho a convicção que perdeu, em muito, em romantismo.

Até 1958 o "tabu" que assustava os profissionais do rádio, era o "retorno" de áudio. Que é o retorno? Hoje é a coisa mais comum que existe, é o "papo" que o locutor mantêm com os demais companheiros da sua equipe, tais como repórteres, locutores em outros estádios, plantão esportivo etc. Nas jornadas internacionais de 1958 praticamente não havia retorno. Os jogos eram transmitidos e nós, que estávamos na linha de frente, éramos informados *a posteriori* por telegrama ou no final da jornada esportiva, quando recebíamos a informação da qualidade da transmissão que fora ao ar, se correu tudo bem etc.

Mais viva do que nunca, a Cadeia Verde Amarela estava em "ponto de bala" para o mundial. Era uma turma na Suécia e outra no Brasil, na retaguarda.

Juntamos a Rádio Jornal e a Bandeirantes para as transmissões de espera e para a presença dos comentaristas e repórteres no final de cada jogo, já que o som, na hora que passava para a Suécia, ficava sem o retorno. No Brasil, não havia nenhuma condição de interação entre as equipes.

De qualquer forma, participamos ativa e de maneira definitiva nas transmissões de 1958. Nesse tempo a Bandeirantes tinha aplicado um grande golpe publicitário: Pedro Luiz e Mário Moraes da Jovem Pan foram contratados pela Bandeirantes, que já tinha o gigante Edson Leite como seu locutor titular. A Copa da Suécia foi narrada a duas vozes: um tempo por Pedro Luiz e outro por Edson Leite. O sucesso dessas transmissões deu à Bandeirantes, durante muitos anos, a liderança na audiência esportiva de São Paulo. E a equipe era enorme. Uma verdadeira seleção de gente jovem, contratada principalmente no interior de São Paulo. Conquanto jovens, eram grandes e magníficos locutores. Não erro em afirmar que a Bandeirantes foi uma grande universidade do rádio esportivo.

A Argentina, em 1958, tinha mais prestígio que o Brasil, mercê de suas atuações nos torneios sul-americanos. Era a grande força do futebol em nosso continente. O Brasil perdeu muito para a Argentina, até 1958, ano em que começamos a mudar o panorama. A Argentina era uma das esperanças da América do Sul. Seu treinador era o legendário Don Guillermo Stabile, com quem fiz grande amizade no sul-americano do Equador, quando o Brasil foi representado pela seleção de Pernambuco e mais uma vez, nós da Cadeia Verde Amarela, estávamos lá, ao vivo, com Darcy Reis transmitindo e eu como comentarista. A seleção da Argentina tinha jogadores como Carizzo, um dos maiores goleiros do futebol daquele país, craques como Rossi, Varacka, Corbatta e Labruna, o grande Labruna que foi contratado depois de 1958 pelo futebol italiano.

Nada disso aconteceu na Suécia. A Argentina foi esmagada pela Tchecoslováquia por 6x1, mostrando entre outros o grande Masopust, um meio campista extraordinário, que comandou a sua seleção. O Paraguai foi esmagado pela França, que estreava um ataque considerado o melhor da Copa e lançando um jogador que até hoje é o maior artilheiro dos mundiais: Just Fontaine. A França tinha, também, um goleiro excelente chamado Remetter, um central de primeira linha, Jonquet e um ataque formado por Wisnieski, Fontaine, Kopa, Piantoni e Vincent. Para confirmação da sua força, a equipe francesa derrotou o Paraguai por 7x3. Fontaine foi o artilheiro da copa com treze gols.

Para muitos, Fontaine é o grande símbolo da seleção francesa. Para mim, todavia, o símbolo é Kopa, que jogava no Real Madri, na Espanha. Era um jogador baixinho, veloz e magnífico. Fontaine foi o artilheiro porque Kopa era o fornecedor da "pizza". O que Kopa fez nesta Copa e na história do futebol francês é algo que até hoje merece o respeito do torcedor francês. Fontaine, após a Copa, jogando futebol, quebrou a perna e encerrou a carreira... É francês de origem marroquina.

Bem, voltemos ao Brasil.

A seleção não saiu daqui com o apoio do torcedor e da maioria da imprensa, pelo contrário. Inclusive, a equipe oficial não tinha nem Garrincha, nem Pelé como titulares. O ataque tinha Joel na ponta direita, que depois se transferiu para a Espanha, Mazola de centroavante, que foi jogar na Itália, e Dida, que formava com Zagalo a dupla de alagoanos do Flamengo. Dino Sani era o volante, e não Zito, de modo que a nossa estréia na pequena mas agradável cidade de Udevalla contra a Áustria acabou permitindo uma grande vitória por 3x0, com dois gols de Mazola e um de Nílton Santos, que iniciava, naquele mundial, a transformar a tática do nosso futebol, já que avançava pela esquerda, trocando posição com Zagalo, este, dono de um preparo físico impressionante, um jogador encarregado de fechar os espaços pela ponta e pela meia. Em 1958 começava a desaparecer a figura do ponta verdadeiro, aquele que ia até a linha de fundo, que jogava na margem da linha demarcatória do campo, e surgia o ponta armador, defensor e recuado dentro de uma nova filosofia de jogo.

O segundo jogo, na cidade de Gotemburgo, contou com um público excelente: mais de quarenta mil pagantes. Nós empatamos com a Inglaterra por 0x0.

Mesmo desfalcado de alguns titulares, falecidos no desastre aéreo que vitimou o time do Manchester United, que era a base da seleção inglesa, o rígido sistema defensivo dos nossos adversários não permitiu uma maior penetração do nosso time. Ademais, Vavá e Mazola não se entendiam bem, já que a entrada de Vavá, no lugar de Dida, não permitiu o tempo de adaptação necessário para um melhor entrosamento entre os dois jogadores. A dificuldade é que Vavá e Mazola tinham as mesmas características, eram centroavantes de choque, rompedores, um tipo de centroavante característico da década de 50/60 e que praticamente desapareceu com as atuais exigências táticas e técnicas implantadas por novos treinadores.

Ainda afirmo a minha tese da força do Dr. Paulo Machado de Carvalho. Para mim a entrada de Vavá se deveu ao experiente "olho clínico" do Dr. Paulo, que como já disse foi o dirigente que mais força teve, em qualquer época, no comando de uma delegação brasileira. O fato é que Vavá foi mantido no time para a partida contra a Rússia e saiu Mazola, contundido e sem condições de jogar. E aí entra o garoto que transformou o mundo do futebol: Pelé foi escalado para esse jogo importante. Outro que entrou: Garrincha, mesmo porque Joel não convencera na ponta direita. Garrincha vinha treinando muito bem e era um dos favoritos do Dr. Paulo Machado. Enfim, Vavá marcou os dois gols do Brasil, Garrincha acabou com a ala esquerda da defesa russa, Pelé ainda não mostraria, nesse jogo, tudo que sabia como jogador de futebol.

Estávamos nas quartas-de-final. Surge, então, outro fator importante e que pouco ou nada se comentou no Brasil. Nosso adversário, o País de Gales. Como será que a seleção do País de Gales chegou à Copa da Suécia?

O País de Gales, nas eliminatórias, ficou no grupo quatro da Europa. Quem se classificou nesse grupo foi a Tchecoslováquia, pois a seleção de Gales, ao perder o jogo para a Alemanha Oriental, a única vitória da Alemanha Oriental nessa chave, acabou desclassificada.

Para sorte do País de Gales, as eliminatórias sofreram uma reviravolta no grupo Ásia e África. A Indonésia se classificou no grupo um, ao ganhar da China comunista pelo gol *average*. A China Nacional, para não jogar com a comunista, desistiu de participar. Israel se classificou com a desistência da Turquia. O Egito se classificou com a desistência de Chipre.

O Sudão, ao vencer a Síria por 1x0 e empatar 1x1, se classificou no grupo quatro. Para definir o representante, Sudão, Indonésia e Egito teriam de disputar um turno extra com Israel. Aí entrou a política. Todos esses países desistiram de jogar, pois se recusaram a enfrentar Israel em Tel-Aviv e com isso a seleção de Israel ficou classificada. A FIFA adotou uma resolução final: sorteou entre diversos países europeus já desclassificados, como Itália, Polônia, Espanha, Holanda etc. para designar um adver-

1958 – A vitória do Marechal

sário que disputasse a vaga com Israel. No sorteio ganhou o País de Gales, que nos jogos em Tel-Aviv e Cardiff venceu, ambas as partidas, por 2x0, classificando-se, finalmente, para a Copa do Mundo de 1958.

O País de Gales fez uma campanha modesta nas oitavas. Empatou com Hungria por 1x1, com o México, também 1x1, com a Suécia 0x0 e no desempate, com a Hungria, venceu por 2x1, classificando-se juntamente com Suécia. A Hungria, terror de 54, saiu da Copa nas oitavas-de-final. Da seleção de 1954, somente o goleiro Grosics, o médio Bozsik e o atacante Budai estavam na seleção. E aí veio o jogo do País de Gales com o Brasil.

Essa foi a partida de consagração de Pelé. O seu gol, pois vencemos por 1x0, foi o famoso "chapéu". Pelé encobriu o zagueiro Mel Charles, com seu 1,90m, sem deixar a bola cair desviou no canto do goleiro Kelsey. Nessa partida não jogou Vavá, jogou Mazola. Era a última experiência nesse setor, já que os dois não poderiam jogar juntos em virtude de suas características serem iguais. Esse jogo foi no dia 19 de junho e o Brasil literalmente "pegou fogo". Começávamos, aí sim, depois desse jogo, a acreditar no Brasil.

Veio o jogo contra a França, dia 24 de junho. Por mais incrível que possa parecer, embora Fontaine fosse o terror dos goleiros, o Brasil não se preocupou com a França, e diga-se de passagem, para nós brasileiros, naquela época, a França não era uma adversária tradicional do Brasil. A Itália, a Alemanha, a Inglaterra, a Polônia ou a Hungria, ainda preocupavam. A França, não. Na realidade não conhecíamos o futebol francês e a mídia escrita não fez em 58 a mesma guerra psicológica sobre as demais seleções.

Chegara o momento da consagração de nosso futebol. Ganhamos de 5x2, com uma exibição magnífica. O nosso ataque com Garrincha, Didi, Vavá, Pelé e Zagalo definia a escalação dos homens de frente de nossa seleção. Contundido, Remetter cedeu seu lugar a Abbes e liqüidamos com a França.

Nesse jogo, Gilmar que estava invicto, tomou dois gols,

Brasil em Copas do Mundo

um de Fontaine e outro de Piantoni, o excelente ponta esquerda francês, um artista no ato de cruzar a bola para dentro da área. Destaque para Zito, Orlando, também grande figura nessa partida, além é claro, de todo o ataque brasileiro, Vavá, fez um gol, Didi fez outro e Pelé simplesmente arrebentou: três gols na seqüência. Já a esta altura, depois do País de Gales e após essa partida, a imprensa mundial começou a destacar a pouca idade de Pelé, o seu futebol e os seus gols.

Com essa vitória, ficamos prontos para a final, contra a Suécia, no estádio que vencêramos a França, Solna, em Estocolmo, a linda capital Sueca.

:: A final

O time sueco, que fizera uma surpreendente e magnífica campanha, possuía também alguns jogadores que se transformaram, após o mundial, em estrelas na Europa. O maior deles, na minha opinião, o ponteiro Skoglund.

Destaque para Gunar Gren e Liedholm, atacantes, Gustavsson no meio de campo e o goleiro sueco Svensson. Era um time organizado, tranqüilo, jogando em casa e grande adversário.

Começou o jogo. Estava presente o Rei da Suécia. Aos quatro minutos, gol da seleção sueca, Liedholm, a nossa defesa comete o mesmo erro de sempre: a cobertura na marcação individual.

A Suécia encolheu, não recuou propriamente, mas diminuiu o ritmo inicial com que se lançara ao ataque. Foi o bastante. Vavá empata 1x1. Vavá desempata 2x1, Zagalo marca aos vinte e três minutos. A Suécia diminui com Simonsson aos trinta e cinco e, finalmente, Pelé marca mais dois gols e liqüida a fatura.

1958 – A vitória do Marechal

Convém destacar, nesta partida final, a maturidade e a confiança da seleção brasileira para definir o título. Nem o gol de abertura dos suecos, nem o público, educado, elegante, capaz de reconhecer e aplaudir jogadas dos dois times, abalou o sentido de responsabilidade da seleção e dos nossos jogadores. Não erro em afirmar, que de todos os títulos alcançados pelo Brasil nas decisões, nenhum teve a tranqüilidade, a calma, a eficiência com que encaramos este jogo. Na frieza dos números, Liedholm marcou e a seleção sueca tentou administrar o resultado, cerrando seu meio de campo e tentando segurar nossos jogadores para impedir o contra-golpe. A diferença é que tínhamos Mané na direita e Zagalo, menino, esguio, rápido na esquerda. O futebol era jogado essencialmente pelas pontas, com pontas verdadeiros e não com laterais avançados. No sistema tático da época, o ponta ou carregava a bola para a linha de fundo e cruzava, ou se deslocava pela meia, pois o trio atacante, o centroavante, o ponta-de-lança e o meia, dito de ligação, subiam também. Quem guarnecia o meio de campo era, em princípio, o médio-volante e depois o resto da defesa. Então o ataque sempre tinha um mínimo de quatro atacantes, mesmo porque na Suécia criou-se a imagem do ponta esquerda recuado, não para marcar ou destruir o adversário e sim para auxiliar o trabalho do meio de campo, função que Zagalo cumpriu extraordinariamente.

Outro detalhe importante é que o time que acabou a Copa não era o mesmo que saiu escalado do Brasil. Aí reconheço mais uma vez a influência do Dr. Paulo Machado de Carvalho. Nessa Copa, o chefe da delegação conversava com a comissão técnica, ou seja, Dr. Paulo ouvia, discutia, opinava, influenciava, enfim sempre conversava com Feola e os outros sobre o que poderia melhorar a seleção. Quem conheceu Vicente Feola (que ficou meu amigo anos depois, quando vim para a Bandeirantes) sabe que era um homem gordo, afável, educado, não alterava a voz, não dizia palavrões, enfim um funcionário dentro da escola sãopaulina, de modo que, conversando, ouvindo, discutindo, Feola, Dr. Paulo e a comissão chegavam sempre a um

Brasil em Copas do Mundo

consenso. E com esse clima de harmonia, sem fofocas, sem empresários, sem patrocinadores, sem clubes europeus sondando nossos craques, os jogadores tinham outra mentalidade, quase provinciana e por isso mais fácil de constituir um grupo unido e com o ideal de ganhar a Copa.

Vínhamos de duas Copas que frustraram os brasileiros. Duas experiências amargas que estavam presentes no pensamento de todos. Acho que nas palestras com os atletas, o Marechal da Vitória conseguiu criar algo importante no espírito dos jogadores: O espírito da Copa, o espírito de seleção, em que a importância maior era defender o Brasil. Assim, começamos com um time e terminamos com outro. Daí porque o gol de Liedholm, ao invés de abalar, enervar ou atrapalhar nosso time, foi recebido pela equipe com uma frieza extraordinária. Daí porque, na seqüência, Vavá acabou com eles, Zagalo e Pelé completaram a festa. Nós perdemos em 1950 por excesso de confiança. Os húngaros perderam em 1954 pelo mesmo excesso de otimismo. As duas lições serviram de exemplo para que a nossa seleção encontrasse o seu destino. E se levarmos em consideração que essa seleção saiu desprestigiada e criticada do Brasil, a sua vitória lavou a nossa alma, lavou nossos corações e até certo ponto reabilitou nossa história futebolística junto ao grande público.

Esta Copa de 1958, na minha opinião pessoal, foi a que acabou com o romantismo no futebol. A de 1962 no Chile foi a final, mas em 1958 o jogador brasileiro era um profissional ingênuo, altamente disciplinado, simples para cumprir ordens sem a visão empresarial que, a partir de 1962 é fortalecida. De 1970 em diante mudou a fisionomia do jogador brasileiro. A Copa de 1958 foi a Copa da humildade. Jogadores como Belini, Gilmar, Nílton Santos, Didi, Vavá são exemplos gritantes dessa ingenuidade do seu próprio valor. Pelé nem se fala, era um garoto. Garrincha era um simples. Um simples a vida toda até a sua morte. Por isso é que volto a afirmar: Devemos muito ao Dr. Paulo Machado de Carvalho e à disciplina desses atletas que nos deram o primeiro título mundial e abriu as portas do futebol brasileiro para a consagração e a glória.

1958 – A vitória do Marechal

Brasil na Copa de 1958

OITAVAS-DE-FINAL

Brasil 3 x 0 Áustria
Data: 08/06/58
Local: Estádio Rimervallen Boras, em Udevalla
Árbitro: Maurice Frederic Guigue (França)
Público: 21.000 pagantes
Gols: Brasil: Mazola(2), Nílton Santos
Brasil: Gilmar, De Sordi, Bellini (capitão) e Nílton Santos, Dino e Orlando, Joel, Didi, Mazola, Dida e Zagalo
Áustria: Szanwald, Halla e Koller, Hanappi (capitão), Swoboda e Happel, Horak, Senekowitsch, Buzek, Koerner e Schleger.

Brasil 0 x 0 Inglaterra
Data: 11/06/58
Local: Estádio Nya Ullevi, em Gotemburgo
Árbitro: Albert Dusch (Alemanha)
Público: 40.895 pagantes
Brasil: Gilmar, De Sordi, Bellini (capitão) e Nílton Santos, Dino e Orlando, Joel, Didi, Mazola, Dida e Zagalo
Inglaterra: McDonald, Howe e Banks, Clamp, Billy Wright (capitão) e Slater, Douglas, Robson, Kevan, Haynes e Acourt.

Brasil 2 x 0 União Soviética
Data: 15/06/58
Local: Estádio Nya Ullevi, em Gotemburgo
Árbitro: Maurice Frederic Guigue (França)
Público: 50.928 pagantes
Gols: Brasil: Vavá (2)
Brasil: Gilmar, De Sordi, Bellini (capitão) e Nílton Santos, Orlando, Zito, Garrincha, Didi, Vavá, Pelé e Zagalo
União Soviética: Yashin, Kessarev, Krijevski, Kuznetsov, Voinov, Tsarev, A. Ivanov, V. Ivanov, Simonian, Igor Netto (capitão) e Ilyin.

Classificados: Brasil e União Soviética.

QUARTAS-DE-FINAL

Brasil 1 x 0 País de Gales
Data: 19/06/58
Local: Estádio Nya Ullevi, em Gotemburgo
Árbitro: Erich Seipelt (Áustria)
Público: 23.000 pagantes
Gols: Brasil: Pelé
Brasil: Gilmar, De Sordi, Bellini (capitão) e Nílton Santos, Orlando, Zito, Garrincha, Didi, Mazola, Pelé e Zagalo
País de Gales: Kelsey, Williams (capitão), M. Charles, Hopkins, Sullivan, Bowen, Medwin, Hewit, Webster, Ivor Allchurch e Cliff Jones.

1958 – A vitória do Marechal

SEMIFINAL

Brasil 5 x 2 França
Data: 24/06/58
Local: Estádio Solna, em Estocolmo
Árbitro: B. Mervyn Griffiths (País de Gales)
Público: 27.100 pagantes
Gols: Brasil: Vavá. Didi, Pelé (3)
   França: Fontaine, Piantoni
Brasil: Gilmar, De Sordi, Bellini (capitão) e Nílton Santos, Orlando, Zito, Garrincha, Didi, Mazola, Pelé e Zagalo
França: Abbes, Kaelbel, Jonquet (capitão), Lerond, Penverne, Marcel, Wisnieski, Fontaine, Kopa, Piantoni e Vincent.

FINAL

Brasil 5 x 2 Suécia
Data: 28/06/58
Local: Estádio Solna, em Estocolmo
Árbitro: Maurice Frederic Guigue (França)
Público: 49.737 pagantes
Gols: Brasil: Vavá, Pelé (2), Zagalo
   Suécia: Liedholm, Simonsson
Brasil: Gilmar, Djalma Santos, Bellini (capitão) e Nílton Santos, Orlando, Zito, Garrincha, Didi, Vavá, Pelé e Zagalo
Suécia: Svensson, Bergmark, Axbom, Borjesson, Gustavsson, Parling, Hamrin, Gunar Gren, Simonsson, Liedholm (capitão) e Skoglund.

Brasil Campeão

Chile 1962

Ano 1962
País Sede Chile
Campeão Brasil
Público 893.363

Emissoras:
Cadeia Verde Amarela
Rádio Bandeirantes
Rádio Jornal do Comércio

Equipe:
Edson Leite
Pedro Luiz
Mário Moraes
Fiori Giglioti
Barbosa Filho

1962

A consagração de Garrincha

Em 1961, fui ao Chile representando a Rádio Jornal na tentativa de conseguir permissão do governo chileno para transmitir a Copa do Mundo através de um transmissor de SSB, como os gaúchos já faziam naquela época. Mantive contato com a Associação de Radioamadores Chilenos e com pessoas ligadas ao governo chileno e não obtive êxito. A idéia, no mínimo, seria utilizar algumas freqüências que nos poderiam ligar diretamente ao Brasil durante vinte e quatro horas. Ou seja, transmitiríamos pela Radiobrás por meio do sistema convencional da Rádio Bandeirantes e da Cadeia Verde Amarela e transmitiríamos, por meio desse transmissor, os boletins e programas esportivos diários, o que seria um sucesso.

O que se faz hoje, até com telefone celular, dispensando linha e ligações demoradas, seria, em 1962 um feito capaz de permitir uma cobertura diária da seleção brasileira como nunca tinha sido feita, acrescida da particularidade da nossa equipe ficar em Viña del Mar, balneário chileno onde realizaríamos nossas primeiras partidas.

Visitando o pequeno estádio de Viña del Mar, em obras

para o mundial, vi uma placa de anúncio extraordinário com os seguintes dizeres: "Como no tenemos nadia, lo haremos todo" – Carlos Ditborne. A Copa de 1962 foi o feito de bravura desse chileno, nascido no Rio de Janeiro, portanto meio brasileiro, como Presidente da Comissão da Copa. O esforço que este desportista realizou, desde o Congresso da FIFA em Lisboa, quando praticamente arrancou a autorização para efetuar a Copa no Chile e o seu trabalho para motivar o povo, o governo e a imprensa foi tão extraordinário, que antes de começar a Copa, Carlos Ditborne faleceu. Esse sacrifício acabou galvanizando o povo e autoridades chilenas e, quase como uma homenagem póstuma ao seu trabalho, o Chile estava preparado para a Copa. O Brasil jogaria suas primeiras partidas no pequeno e renovado estádio Sausalito, preparado para a Copa, além, de Santiago, e das cidades de Arica e Rancagua, subsedes para a largada do Mundial.

Em 1962 começavam a delinear-se os aspectos comerciais para a viabilização do Mundial. Os interesses não eram tão-somente no evento. E empresários italianos e espanhóis andavam em busca de novos valores. A televisão mexicana havia comprado os direitos para transmissão de todos os jogos. A mentalidade dos jogadores começava a mudar; não jogavam somente pela camisa; o resultado financeiro era o objetivo de alguns. Contagiando a todos, os prêmios, o direito de arena e outros que tais, davam os primeiros passos. Tudo começava a ser comercializado.

O Brasil repetiu quase a mesma comissão técnica da Suécia. Treze pessoas compunham a delegação. Novamente o Dr. Paulo Machado de Carvalho era o chefe. Aimoré Moreira substituía a Vicente Feola, que estava doente. Zezé, como Feola, sabia ouvir o "chefe" e isso manteve sua designação. Ocorreram algumas modificações, porém Mário Trigo foi mantido como dentista e como um homem útil pela amizade com os jogadores; extinguiu-se o cargo de psicólogo da seleção e foi mantido o mesmo esquema da Suécia. Isso gerou na seleção a mesma tranqüilidade, disciplina e organização. A mídia não era, ainda, super-agressiva como hoje, e embora o noticiário

1962 – A consagração de Garrincha

tenha crescido em volume, ainda existia um certo respeito na cobertura geral da Copa, preservando os jogadores e dando uma certa tranqüilidade à própria seleção.

Foi no Chile, precisamente em Valparaíso, porto chileno, próximo a Viña del Mar, onde Garrincha conheceu Elza Soares e foi iniciado o romance entre os dois. Valparaíso fazia uma feira ou coisa parecida e convidou artistas brasileiros; e a delegação foi assistir a um dos *shows*. Garrincha e Elza Soares se conheceram e iniciaram o romance que durou até a morte do jogador.

O sintoma mais significativo da perda do romantismo das Copas e do cavalheirismo dos jogadores pode ser sentido neste Mundial do Chile. Já nas primeiras rodadas, a série de contusões e a tolerância dos árbitros gerou uma reunião do Comitê de Arbitragens com todos os juízes, solicitando, destes, maior energia no controle da violência. Afinal de contas, na primeira fase, dois jogadores fraturaram a perna em jogadas violentas: o russo Dubinsky e o suíço Eschman, além da contusão de Pelé, que o tirou da Copa, contusão que aconteceu na partida contra o México e que abalou o Brasil.

Como Deus é brasileiro, diz o ditado, entrou Amarildo, atacante do Botafogo do Rio de Janeiro. Foi o grande goleador brasileiro junto com Garrincha, constituindo-se na grande revelação da Copa. Mário Filho, diretor do *Jornal dos Sportes*, e grande comentarista, escreveu um artigo chamando Amarildo de o "possesso", e o apelido pegou. Profetizou, ainda, Mário Filho, que Amarildo se "incorporou" de tal maneira, que brilharia na Copa até seu final, como realmente aconteceu.

O jogo Chile e Itália foi um dos mais violentos da Copa. Naquele tempo a FIFA permitia a presença de jogadores de outras nacionalidades nas seleções, desde que o atleta estivesse jogando no país. Por exemplo, Mazzola, chamado de Altafini pelos italianos e Sormani, ambos brasileiros, jogaram pela seleção da Itália; Sivori, grande jogador argentino, também jogou pela Itália.

Já nesse tempo, italianos e espanhóis competiam no mercado internacional na aquisição de jogadores. Dominguez, goleiro e Di Stefano, ambos argentinos eram estrelas do Real

Madri. O mercado argentino, com forte descendência italiana, era o mercado preferido dos italianos.

O Real Madri era uma equipe extraordinária nessa época. Chegou a vencer seguidamente a Copa dos Campeões. O Barcelona tinha, entre outros, Rocksis, que se suicidou tragicamente. Kubala, outro húngaro famoso, jogou no Real Madri onde também jogava o grande francês Kopa e o marroquino Bem Barek e outras estrelas ao longo dos anos. Nesse tempo, todavia, o "passe" não tinha a força de hoje e começaria após 1966. Antes os jogadores ganhavam, mas não tanto. Por exemplo: após a Copa de 1950, Julinho foi para a Fiorentina, Schiaffino também para a Itália e o mercado argentino inesgotável de craques sempre alimentou o futebol italiano.

Voltando à Copa, o Chile sabia que se perdesse para a Itália estaria fora da Copa. Daí a tensão nervosa dessa partida, porque além de enfrentar a Itália, o Chile jogaria com a Alemanha. Uma derrota para a Itália e um empate ou derrota para a Alemanha tiraria o Chile da Copa. O juiz inglês Keneth Aston, que acabou sendo o árbitro, já esperava que o seu nome fosse o indicado para essa partida. Mesmo com as recomendações da FIFA, fracassou totalmente; deixou o jogo aberto à violência e com isso complicou a partida. Ao término do primeiro tempo, o placar era de 0x0. A Itália jogou quase toda a partida com dez homens, pois aos quatro minutos do primeiro tempo foi expulso o atacante Ferrini, por entrada violenta em Leonel Sanchez. No segundo tempo o Chile faz seu primeiro gol e o zagueiro italiano David é expulso por agressão; aos trinta e um minutos da fase final, Leonel Sanchez, excessivamente nervoso, agride e é agredido por Tumburus. O juiz entra na briga, separa os jogadores e não expulsa ninguém. Uma vergonha! A Itália já estava com nove homens e ele não quis expulsar mais um. Leonel Sanchez, o provocador da partida acabou sendo protegido pela arbitragem; merecia a expulsão, pois provocou o time italiano o jogo todo. Ramirez fez o primeiro gol do Chile, e já no final da partida, Toro marcou 2x0 para o Chile, placar final.

O fato é que a tática valeu. O Chile perdeu para a Alema-

1962 – A consagração de Garrincha

nha, mas a Itália, ao empatar com a seleção alemã, abriu a vaga de classificação para o Chile, que passou portanto para a outra fase da Copa.

:: O Brasil e a vitória no Chile

Eu diria, sem medo de errar, que ganhamos a Copa com o mesmo esquema utilizado na Suécia em 1958, acrescido do fato que, desta vez, como já disse, o atleta de futebol começava a vislumbrar os aspectos comerciais, que envolvem uma competição como essa. Acho correto, tal fato, pois afinal de contas o jogador brasileiro sempre foi mal-remunerado até a Copa de 1962. Apesar de tudo, a tranqüilidade existia na concentração brasileira de El Retiro em Quilpué, mas ocorriam alguns problemas que não existiram na Suécia. Por exemplo: Mauro, que tinha sido reserva em 1958 e titular nas eliminatórias, ao saber que Belini entraria no seu lugar por uma questão de rodízio, ameaçou voltar ao Brasil se Aimoré persistisse naquela escalação. Mauro foi mantido, a crise contornada, mas o ambiente começou a ficar tenso; esta é que é a verdade.

Nossa estréia foi contra o México no Estádio Sausalito, onde jogamos quatro partidas. Uma das figuras mais lendárias do futebol mexicano fazia sua despedida da Copa: o goleiro Carbajal, que disputara quatro Copas do Mundo. Um recorde extraordinário. Jogamos e ganhamos por 2x0. Zagalo fez o primeiro gol, o único gol que Zagalo marcou nesta Copa, e Pelé o outro. A seleção brasileira tinha sua base técnica no time campeão do mundo da Suécia. Jogaram pelo Brasil no Chile os jogadores: Gilmar, Djalma Santos, Mauro, Orlando, Nílton Santos, Zito, Garrincha, Didi, Vavá, Pelé e Zagalo. Zózimo entrou no lugar de Orlando e ficou até o final. E nessa delegação tinha algumas estrelas ascendentes do futebol brasileiro, tais como Amarildo e

Jair Marinho do Botafogo do Rio de Janeiro, Jurandir do São Paulo, Coutinho e Mengálvio do Santos, Jair da Costa. Dessa delegação, sete jogadores jogavam no Santos, na época a grande força do futebol brasileiro, junto com o Botafogo do Rio de Janeiro.

Vencemos o México, que sempre foi nosso freguês de caderneta e nos preparamos para o segundo jogo, o difícil jogo contra a seleção da Tchecoslováquia. A seleção tcheca trazia ainda o grande Masopust, encerrando sua carreira em Copas do Mundo e um goleiro que era a revelação da Europa: Schroif, além dos zagueiros Lala e Popluhar e os atacantes Adamek e Scherer. O bom, da seleção tcheca, é que eles jogavam bola quase no estilo sul-americano e sem a violência de outras seleções. Empatamos em 0x0. Brilharam nesse jogo os goleiros, Gilmar e Schroif com grandes defesas. O piso do Estádio Sausalito, não totalmente consolidado, era fofo e difícil para jogar. Um chute mais forte, um carrinho na bola levavam grande parte da grama. Era normal, ao final do primeiro tempo, entrarem cerca de vinte funcionários para "remendar" a grama e permitir um segundo tempo mais tranqüilo. Mais uma surpresa traumatizou o Brasil: Pelé se contundiu e não saiu de campo, pois nessa época não se podia fazer substituições. Ao continuar jogando e fazendo número em campo a distensão de Pelé se ampliou. Até hoje não sei se saindo em seguida, ficando com dez homens, não seria melhor para o Brasil. O fato é que, com medo de diminuir o número de jogadores em campo, o técnico manteve Pelé e com isso perdemos o craque para os próximos jogos, a essa altura, já famoso em todo o mundo.

Foi um bom jogo. Técnico, bem jogado, com as duas equipes lutando por um gol que não saiu. A impressão que tivemos é que a seleção da Tchecoslováquia iria dar trabalho nessa Copa para os demais adversários.

É bem verdade que eles perderam para o México, mas venceram a Espanha. E sua classificação acabou dependendo por antecipação do jogo do Brasil e Espanha. Jogo que vencemos de 2x1. Mas aí a história foi diferente.

1962 – A consagração de Garrincha

Há certos fatores de ordem psicológica que influem de maneira considerável no espírito do torcedor. De repente, no Brasil, e até entre nós, jornalistas e torcedores, que estávamos no Chile, começamos a temer a seleção da Espanha. A classificação espanhola com três vitórias e um empate em disputa direta contra País de Gales e Marrocos jogando um bom futebol, com um ataque composto por dois nomes famosos: Puskas, naturalizado espanhol, e o ponteiro Gento, na época considerado o maior atacante da Europa. Bastou o nome de Puskas e a ausência de Pelé para o Brasil tremer. E isso, por menor que fosse o impacto, também abalou a seleção, mesmo porque jogaria Amarildo, atacante do Botafogo, um jogador quase sem experiência internacional, principalmente em relação a Copa do Mundo, já que seria a sua primeira participação.

A grande virtude do jogador brasileiro é que ele não tem medo de nada. Dificilmente um jogador treme quando joga contra qualquer adversário e para mim isso tem uma explicação: O jogador brasileiro tem consciência de sua força, sabe das suas possibilidades, é trabalhado como atleta do "maior futebol do mundo" e isso lhe traz uma confiança que supera inclusive o impacto de uma estréia ou o valor do adversário. Creio que Amarildo constava dessa galeria de jogador perfeito, acima de qualquer problema, pronto para jogar contra qualquer adversário. E não deu outra; agarrou a oportunidade com unhas e dentes, entrou para jogar, dar pontapés, se fosse o caso, para agarrar a chance definitivamente. E deu certo.

O medo foi superado por nossa atuação em campo. Ganhamos o jogo com dois gols de Amarildo. Mas quem jogou mesmo foi Garrincha. Aliás, analisando, fora a nossa participação na Copa de 1962, tenho de reconhecer um fato: Garrincha foi mais de 50% da nossa seleção nessa Copa. Assim como na minha opinião Bauer foi o gigante da Copa de 1950, Garrincha foi o gigante de 1962. Foi a maior fase da grande carreira desse jogador, carreira cheia de altos e baixos. Garrincha fez tudo: dribles desconcertantes, passes maravilhosos e gols incríveis, que não eram esperados, já que Mané não era um goleador. Os dois gols de Amarildo foram criações suas, para desespero do sistema defensivo da Espanha e dos demais adversários. Garrincha nessa Copa foi, entre outras coisas, nosso artilheiro, com quatro gols, e como já disse, Garrincha nunca fora um artilheiro, sempre foi um preparador, um diblador emérito e magnífico, um destruidor de defesas para abrir aos companheiros o caminho da meta adversária.

Outro fato importante ocorreu nesse jogo para tranqüilidade: iniciava-se no Chile o hábito da torcida brasileira acompanhar a seleção. A cidade de Vinã del Mar era totalmente brasileira. Aliás o chileno gosta do futebol brasileiro. É um fato histórico. Em Sausalito, com um público de vinte mil torcedores, a platéia era nossa, inconfundivelmente brasileira e isso não podemos esquecer. Chego ao ponto de afirmar: O chileno sabia que seu futebol não era para ser campeão do mundo, sua esperança era uma vitória sul-americana e essa vitória estava centralizada no Brasil. Embora as raízes chilenas sejam historicamente com a Espanha, prevaleceu todavia o espírito latino-americano, portanto, prevalecendo a preferência pelo Brasil.

Fizemos nossa despedida de Sausalito, jogando contra a Inglaterra. A Argentina, mais uma vez, desclassificada. Aliás um fenômeno; a Argentina era forte contra seleções sul-americanas e fraca contra as seleções da Europa, algo que merece um estudo de comportamento, e isso fortaleceu o favoritismo brasileiro no coração dos torcedores chilenos. Não considerei a Inglaterra, em 1962, uma grande adversária para nós. Aliás os ingleses continuavam com sua postura de "inventores" do futebol. Não eram arrogantes, mas eram um grupo fechado, acreditando na tradição e achando que a Inglaterra, por direito de descoberta do futebol, merecia uma posição de respeito. Taticamente até 1962 a Inglaterra era muito conservadora em matéria de tática e técnica do futebol. Enquanto se estudavam variações de ordem tática dentro de campo, a Inglaterra continuava igualzinha a velha "Albion" do começo do futebol. E isso, contra os brasileiros e seu futebol veloz, rápido, insinuante e brilhante determinaria, como aconteceu, uma grande vitória.

Vencemos por 3x1. Garrincha acabou com a defesa ingle-

1962 – A consagração de Garrincha

sa; marcou dois gols e deu o passe para o gol de Vavá. A Inglaterra literalmente não viu a cor da bola. Foi uma vitória limpa, tranqüila, brilhante e que marcou nossa despedida de Vinã del Mar, que foi para o Brasil o que Guadalajara representaria para nós em 1970. Um lugar onde nos sentimos plenamente brasileiros e com um carinho extraordinário do povo chileno. Com essa vitória, passamos para as semifinais. Com o Brasil, passaram o Chile, que venceu a Rússia; a Iugoslávia, que derrotou a Alemanha já sem Mitic, mas com Sekularac, Skoblar e o lateral Popovic, grande figura nessa partida contra a Rússia; e, finalmente, a Tchecoslováquia, que venceu a Hungria. Estávamos, portanto, no caminho da vitória.

Fomos jogar em Santiago, no Estádio Nacional. Capacidade de público: setenta e cinco mil pagantes. Setenta e sete mil o número estimado, contando imprensa, convidados, policiamento etc. Aí prevaleceu mais uma vez a visão do Dr. Paulo Machado de Carvalho: viajamos de trem. A torcida chilena estava de plantão na estação para surpreender o Brasil e começar a pressão até o estádio. Dr. Paulo fretou secretamente um ônibus, saltou duas estações antes de Santiago, e a delegação viajou de ônibus e chegou ao estádio tranqüilamente, sem nenhum problema. A frustração dos torcedores chilenos foi algo digno de ver...

Vocês imaginam o clima emocional dessa partida. Embora gostassem do Brasil, o patriotismo imperava. O Chile pensava em vencer, embora com segurança se perdesse para o Brasil o trauma da derrota não seria tão grande. Para o chileno, o Brasil seria campeão do mundo. Em todas as pesquisas feitas até então, a situação era sempre a mesma: se não fosse o Chile, o torcedor preferia o Brasil. Foi nesse clima que entramos para jogar contra a seleção do Chile. O juiz escalado para a partida foi o peruano Arturo Yamasaki, que não teve uma boa arbitragem. Permitiu a indisciplina e a violência. O Chile pretendia repetir contra o Brasil a mesma tática que aplicara contra a Itália, e o árbitro tolerou. Não nos poderia prejudicar porque a diferença técnica era muito grande.

Já no primeiro tempo vencíamos por 2x1. Dois gols de Garrincha e um de Toro, para a equipe chilena. Mais uma vez, volto a repetir, Garrincha "estraçalhou" e acredito que se não tivéssemos Garrincha em 1962 não teríamos ganho a Copa. Garrincha, até pela própria mentalidade, sem maldade e com sua ingenuidade, jamais se atemorizou com a torcida ou com a violência aplicada pelos jogadores chilenos. Aliás, no que tange à violência, Garrincha fugia sempre do adversário, iludia seu marcador com seus dribles. Daí, ao se preocupar em marcar Garrincha com certa dose de violência, a defesa chilena permitiu que o maravilhoso Garrincha marcasse dois gols. No segundo tempo, logo no começo, Vavá fez 3x1 para o Brasil. Em seguida o juiz marca um pênalti contra o Brasil, Leonel Sanchez faz o gol, avivando as esperanças de uma virada chilena.

Aí aconteceu o inesperado. De tanto levar pontapés, Garrincha revidou uma jogada mais violenta de Landa, atacante chileno que jogava recuado para dar o primeiro combate a Garrincha e acabou expulso. Mesmo assim, sem perder a tranqüilidade, Vavá e o time brasileiro chegam ao quarto gol e aí acabou o jogo. O Chile não teve forças para reagir. O próprio Leonel Sanchez, que tinha sido o "pivô" da confusão contra a Itália, tentou algumas provocações, mas a seleção estava consciente, tranqüila. E manteve o placar final de 4x2.

No outro jogo a Tchecoslováquia vencia a Iugoslávia por 3x1 e marcava novo encontro com o Brasil, em Santiago, para decidir a Copa.

Foi um dia bonito, 16 de junho de 1962.

O Estádio Nacional era um dos mais belos estádios sul-americanos, com um visual extraordinário. Do estádio se divisa ao longe a Cordilheira dos Andes, com sua neve eterna. Num dia aberto de sol, a cordilheira serve de moldura ao estádio. É uma vista lindíssima, um cartão postal! E é nesse estádio, sem esgotar a lotação mas com quase setenta mil torcedores, que o Brasil entrou para enfrentar a Tchecoslováquia. Todo o estádio torcia pelo Brasil. O chileno superou sua tristeza pela derrota e confirmou o prognóstico de que o Brasil seria o campeão do mundo.

Assim, entramos em campo com a torcida a nosso favor.

1962 – A consagração de Garrincha

Parecia que estávamos disputando o título no Brasil e com uma platéia brasileira. Garrincha, que tinha sido expulso poderia não jogar e seria um desastre tático no sistema 4-2-4 que já utilizávamos, tinha sido absolvido pelo Tribunal da FIFA. Outra façanha do Dr. Paulo Machado de Carvalho. Imagino o que não aconteceu nos bastidores da FIFA para se conseguir essa absolvição. A presença de Garrincha trazia a tranqüilidade para o time brasileiro.

Logo no início do jogo sofremos um gol, 1x0 para a Tchecoslováquia. Parecia repetição do ocorrido na final contra a Suécia em 58. Por mais incrível que possa parecer, esse gol despertou o time brasileiro para sua responsabilidade. O gol foi marcado por Masopust, o grande jogador tcheco. Nós reagimos e Amarildo empatou. Até hoje, esse gol de Amarildo foi cantado em prosa e verso, já que foi um gol de bola cruzada pela esquerda do ataque brasileiro. Para mim, como cronista, olhando o jogo, a minha impressão é diferente: Amarildo ganhou a bola, deslocado pela esquerda, avançou pela lateral da grande área e pressentiu a entrada de Vavá pelo meio do ataque. Vejam bem o lance: Amarildo na entrada da lateral da grande área e Vavá gritando para o passe do jogador; o goleiro Schroif, ao perceber Vavá correndo pelo miolo da zaga, adianta-se para interceptar o passe; Amarildo centra e, para a felicidade de todos e na minha opinião, a bola pega mal no pé do jogador e, ao invés de sair o passe para Vavá, a bola desviou-se para o gol e pegou Schroif saindo para interceptar a jogada, que acreditou seria para o atacante Vavá. Para a nossa felicidade, o centro, enviesado e errado, entrou nas costas do goleiro e dentro do gol. Empatamos a partida e derrubamos a confiança dos tchecos, que também recuaram e diminuíram o seu ritmo. A partir daí tomamos o comando do jogo, embora terminássemos o primeiro tempo com o empate de 1x1.

O time brasileiro voltou com tudo para o segundo tempo. Jogamos um futebol de primeiríssima qualidade, embora, tenho de afirmar, os tchecos foram adversários extraordinários; não usaram, em nenhum momento, de violência, jogando seu futebol elegante e parecido com nossa escola sul-americana. E, jogando de igual para igual, não poderia ser diferente, aconteceu o inevitável: Zito marca o segundo gol do Brasil, antes dos trinta minutos do segundo tempo, entrando com bola e tudo no gol adversário. E por último Vavá marca o terceiro gol, numa falha de Schroif, que tentou fazer uma ponte numa bola cruzada, pegou mas largou, e Vavá, como sempre, estava lá para conferir.

Foi uma festa. Santiago parecia uma capital brasileira. Os chilenos comemoraram a vitória brasileira como se fosse sua. Marcamos uma vitória magnífica e chegamos ao fim de uma era. A partir de 1966 a Copa seria outra. Começaria o profissionalismo envolvendo atletas, federações e dirigentes. Era uma nova era, que por mais incrível que possa parecer, levamos tempo para assimilar definitivamente. Na verdade, eu, particularmente, e acredito que também alguns companheiros, queríamos nossos jogadores com alma amadora, quando se trata de defender o Brasil.

Para que o leitor possa entender melhor essa evolução, vejamos o que ocorreu nos mundiais a partir de 1950. Antes da guerra, eram mundiais amadores, tentativas de unificar o futebol, uma fórmula mágica encontrada por Jules Rimet, para fazer do futebol o que é hoje: o esporte de preferência mundial. A partir de 1950 o interesse aumenta consideravelmente:

Em 1950 – tivemos 33 inscritos.
Em 1954 – 37 inscritos.
Em 1958 – 53 inscritos.
Em 1962 – 56 inscritos.
Em 1966 – 70 inscritos.

Nesse período, a política internacional ainda interferiu e muito, para que a participação fosse a ideal. Alguns países desistiram, outros se recusaram a jogar contra adversários que politicamente eram-lhes conflitantes. Mas o número nunca parou de crescer.

A FIFA, com sabedoria, fez da Suíça e da Suécia, neutras na guerra, a sede dos mundiais europeus e com isso, ao longo dos anos permitiu uma unificação européia que cresceu com a efetivação da Copa da UEFA, mas a genialidade de Jules Rimet e a posição permanente da FIFA é que abriram as portas para

1962 – A consagração de Garrincha

que os mundiais de futebol se transformassem a partir de 1966 na grande festa do futebol no mundo, superando em brilho e paixão a própria olimpíada.

Brasil na Copa de 1962

OITAVAS DE FINAL

Brasil 2 x 0 México
Data: 30/05/62
Local: Estádio Sausalito, Viña del Mar
Árbitro: Gottfried Dienst (Suíça)
Público: 11.000 pagantes
Gols: Brasil: Zagalo aos 11', e Pelé aos 27'
Brasil: Gilmar, Djalma Santos, Mauro e Nílton Santos, Zito e Zózimo, Garrincha, Didi, Vavá, Pelé e Zagalo
México: Carbajal, Del Muro, Cárdenas, Sepúlveda, Villegas, Reyes, Najera, Del Águilla, Hernández, Jasso e Diaz.

Brasil 0 x 0 Tchecoslováquia
Data: 02/06/62
Local: Estádio Sausalito, em Viña del Mar
Árbitro: Pierre Schwinte (França)
Público: 15.000 pagantes
Brasil: Gilmar, Djalma Santos, Mauro e Nílton Santos, Zito e Zózimo, Garrincha, Didi, Vavá, Pelé e Zagalo
Tchecoslováquia: Schroif, Lala, Popluhar e Novak, Pluskal e Masopust, Stibranyi, Scherer, Kvasnak, Adamec e Jelinek.

Brasil em Copas do Mundo

Brasil 2 x 1 Espanha
Data: 06/06/62
Local: Estádio Sausalito, em Viña del Mar
Árbitro: Sergio Bustamante (Chile)
Público: 19.000 pagantes
Gols: Brasil: Amarildo aos 27' e aos 40'
   Espanha: Adelardo aos 35'
Brasil: Gilmar, Djalma Santos, Mauro e Nílton Santos, Zito e Zózimo, Garrincha, Didi, Vavá, Amarildo e Zagalo
Espanha: Araquistain, Rodrigues, Echevarria e Gracia, Verges e Pachin, Collar, Adelardo, Puskas, Peiró e Gento.

QUARTAS-DE-FINAL

Brasil 3 x 1 Inglaterra
Data: 10/06/62
Local: Estádio Sausalito, em Viña del Mar
Árbitro: Pierre Schwinte (França)
Público: 18.000 pagantes
Gols: Brasil: Garrincha, aos 32', Vavá, aos 8', e Garrincha, aos 14'
   Inglaterra: Hitchens, aos 39'
Brasil: Gilmar, Djalma Santos, Mauro e Nílton Santos, Zito, e Zózimo, Garrincha, Didi, Vavá, Amarildo e Zagalo
Inglaterra: Springett, Armfield, Moore e Wilson, Greaves, Norman e Flowers, Hitchens, Douglas, J. Haynes e B. Charlton.

1962 – A consagração de Garrincha

SEMIFINAL

Brasil 4 x 2 Chile
Data: 13/06/62
Local: Estádio Nacional do Chile, em Santiago
Árbitro: Arturo Yamasaki (Peru)
Público: 77.000 pagantes
Gols: Brasil: Garrincha aos 9' e aos 31' e Vavá aos 3' e aos 32'
  Chile: Toro aos 42', e Leonel Sanchez aos 61 de pênalti
Brasil: Gilmar, Djalma Santos, Mauro e Nílton Santos, Zito e Zózimo, Garrincha, Didi, Vavá, Amarildo e Zagalo
Chile: Escuti, Eyzaguirre, Raul Sanchez e Rodriguez, Contreras e Rojas, Ramirez, Toro, Landa, Tobar e Leonel Sanchez.

FINAL

Brasil 3 x 1 Tchecoslováquia
Data: 17/06/62
Local: Estádio Nacional do Chile, em Santiago
Árbitro: Nikolai Latishev (URSS)
Público: 68.000 pagantes
Gols: Brasil: Amarildo aos 16', Zito aos 25', e Vavá aos 34'
  Tchecoslováquia: Masopust aos 14'
Brasil: Gilmar, Djalma Santos, Mauro e Nílton Santos, Zito e Zózimo, Garrincha, Didi, Vavá, Amarildo e Zagalo
Tchecoslováquia: Schroif, Tichy, Popluhar e Novak, Pluskal e Masopust, Pospichal, Scherer, Kadraba, Kvasnak e Jelinek.

Brasil Campeão

Inglaterra 1966

Ano 1966
País Sede Inglaterra
Campeão Inglaterra
Público 1.614.677

Equipe Bandeirantes
Fiori Giglioti
Flávio Araújo
Ênio Rodrigues
Mauro Pinheiro

Obs.: Equipe de retaguarda em São Paulo: Barbosa Filho, Luiz Augusto Maltone, Luiz Aguiar. A equipe em Liverpool e Londres não realizou a cobertura total. Com a eliminação do Brasil, a maior parte da cobertura foi efetuada pela equipe em São Paulo.

1966

O fracasso em Liverpool

Em 1963, a Cadeia Verde Amarela, dentro dos princípios que fora criada, acabou se dissolvendo. Primeiro as ondas curtas da Bandeirantes e da Rádio Jornal não eram consideradas tão importantes como meio de comunicação. O Rádio ampliava seus horizontes, as telefônicas se modernizavam, as transmissões esportivas ganhavam dimensões diferentes com a realização do campeonato brasileiro de clubes, a política esportiva se alastrava nas diferentes praças, regionalizando-se, tornando-se independentes do eixo Rio-São Paulo.

Nessa oportunidade aconteceu, também, na própria Rádio Bandeirantes, uma mudança radical: Edson Leite, Murilo Leite e Alberto Saad, o trio que transformara a Bandeirantes na grande emissora paulista, líder de audiência, assumiram a TV Excelsior, canal 9, e por extensão arrendaram a Rádio Excelsior de São Paulo, hoje CBN. Com isso, mantinham a unidade da transmissão por dois grandes canais de comunicação: o rádio e a televisão. A Bandeirantes, por sua vez, recebia a outorga de seu canal de televisão, partindo para outros rumos com a liderança direta do seu proprietário, João Saad.

A saída da Bandeirantes de Edson e Murilo, meus amigos, me abriu outros horizontes.

Ao assumir a Televisão Excelsior e levando para a Rádio Excelsior alguns dos profissionais da própria Bandeirantes, Edson e Murilo me convidam para deixar a Rádio Jornal e vir assumir a direção da Rádio Excelsior. Lá venho eu, de "mala e cuia" para São Paulo e durante três meses assumo a Rádio Excelsior, onde encontro, entre outros, Geraldo José de Almeida, Mário Moraes, Flávio Araújo, Luiz Aguiar e alguns iniciantes do rádio esportivo como José Italiano, de grande passagem pelo rádio paulista, principalmente na Gazeta e Edson Bolinha Cury, que iniciava sua carreira no rádio e posteriormente brilharia na televisão.

O fato é que três meses depois, Murilo Leite voltava para a Bandeirantes e eu verificava que a Rádio Excelsior era uma emissora sob arrendamento, pertencente na época ao grupo Vitor Costa. Na realidade, o Edson Leite e o Alberto Saad estavam mesmo interessados na televisão. Passei com Murilo Leite para a Rádio Bandeirantes, onde assumi a direção, vejam bem, da Cadeia Verde Amarela, agora uma firma que representava dez das doze emissoras de propriedade do Sr. João Saad, como a Educadora de Campinas, São José dos Campos, Campo Grande no Mato Grosso, Minas etc. Na oportunidade, a Bandeirantes preparava o lançamento do seu canal de televisão e, por coincidência, no escritório central da Av. Ipiranga, trabalhei ao lado do Bôni, que antes da inauguração da TV foi para a Globo, onde se consagrou. Vejam vocês a aventura a que me submeti. O fato é que permaneci como comentarista da Bandeirantes e diretor da Cadeia Verde Amarela e depois só como comentarista em função da debandada de grande parte da equipe esportiva, na época, para a Rádio Record e Rádio Tupi.

Para combater o êxodo verificado na equipe da Bandeirantes, com a saída de Pedro Luiz para a Rádio Tupi e alguns companheiros e grande parte da equipe para a Record, criou-se o "scratch do Rádio", invenção de título e promoção do Murilo Leite. Contrataram-se outros valores, retornaram alguns que

1966 – O fracasso em Liverpool

tinham saído e montamos uma nova equipe que tinha o Fiori Giglioti, egresso da Jovem Pan, Flávio Araújo, Enio Rodrigues e outros locutores e repórteres e como comentarista esportivo titular Mauro Pinheiro e o " homem que veio do Norte", no caso eu, como segundo comentarista.

Nessa fase, já nos preparávamos para a Copa de 1966 na Inglaterra e a essa altura a comunicação já entrava numa outra fase, juntamente com a comunicação do Rádio e da própria televisão.

A partir de 1966, o Rádio começou a perder, primeiro, a iniciativa dos grandes eventos e, em segundo lugar, a sua liderança junto ao público. Afinal, a televisão chegava com a imagem, mostrava o jogo ao vivo, como estava acontecendo. Os patrocinadores começavam a abandonar o futebol pelo rádio, as grandes verbas iam para a TV, e comercialmente os jogadores começavam a despertar para um novo negócio: a publicidade. Nesta mesma época, os jogadores assinavam grandes contratos para trocar de clubes e para viajar ao exterior. A seleção passou a ser importante não apenas pela honra de defender o Brasil mas como símbolo de *status* para grandes negócios. Jogar na seleção era assegurar melhores contratos no Brasil e no exterior e isso mudou o panorama do futebol. Era o início do profissionalismo futebolístico, no bom e no mal sentido.

Foi nesse clima que nos preparamos para a Copa da Inglaterra.

:: Os jogos

Em 1966 os preparativos da seleção se transformaram numa festa de arromba. Prefeituras de cidades turísticas ofereceram hospedagem e ajuda para que a seleção treinasse na sua cidade. O fato é que sob o comando de Vicente Feola, novamente técnico da seleção, a convocação foi extraordinária. Tinha jogador de todo tipo e de todo tamanho, mais de quarenta e cinco atletas foram convocados, vejam só, 45 jogadores convocados. Era, como disse, a idéia comercial da venda do atleta para o exterior ou mesmo para clubes do Brasil.

Começava a aparecer a figura do empresário e a coisa toda virou uma confusão daquelas. Resultado: ao escolher definitivamente os jogadores que comporiam a seleção, acabamos indo para a Inglaterra com um time inferior em valores ao que tínhamos na época, e não erro em afirmar que em 1966 levamos a mais fraca seleção de todas as Copas até então efetuadas.

Estreamos em Liverpool, no dia 12 de julho, contra a Bulgária. Ganhamos de 2x0, um gol de Pelé no primeiro tempo, outro de Garrincha no segundo. Essa Copa marcou duas despedidas: a de Gilmar, o goleiro de maior carisma no Brasil e nos mundiais, o goleiro menos vazado na proporção de tempo de jogo; e a do lateral Djalma Santos, que também encerrava a sua participação na seleção.

Nesse mundial, estava, mais ou menos, tudo preparado para a Inglaterra ganhar a Copa. Estreando mal contra o Uruguai, com a presença da Rainha Elizabeth II, o *english time* empatou com o Uruguai por 0x0 num jogo horrível e preocupante para os ingleses.

O Brasil, por sua vez, ganhou da Bulgária mas não convenceu. Além da violência búlgara, o nosso futebol era muito pobre em criatividade. Jogamos no 4/2/4, no estilo do novo futebol brasileiro, mas iniciamos o jogo com uma linha média sem inspiração, formada por Denílson, Lima e Paulo Henrique, e um ataque com Jairzinho improvisado na ponta esquerda; Pelé e Alcindo, com este tentava-se relembrar o arranque e a força de um Mazola ou de um Vavá na seleção. Mesmo assim, vencemos. As críticas subiram de tom, A mídia escrita e falada começava a sentir que a seleção não estava com o brilho técnico de outras ocasiões.

Veio o segundo jogo. Novamente Liverpool. O nosso adversário, a seleção da Hungria, renovada, com nova geração e

1966 – O fracasso em Liverpool

trazendo quatro jogadores de grande qualidade no time, o zagueiro Matrai e os jogadores de meio de campo e de ataque que já conhecíamos, Albert, Farkas e Bene. Pelé foi poupado nesse jogo, pois encontrava-se contundido e a comissão técnica não achou perigosa a seleção húngara, que perdera na estréia para Portugal pelo placar de 3x1. Todos consideravam a seleção de Portugal, treinada pelo brasileiro Oto Glória, como a grande adversária da chave, daí poupar o Pelé, que até poderia ter jogado, mas acreditavam ser importante ele entrar "inteiro" contra a seleção portuguesa de Eusébio e cia.

Um reparo especial: Pelé, exceção de 1958 e 1970, não teve muita sorte na seleção. Em 1962 se contundira no Chile e, para seu azar, jogou uma partida e meia na Copa da Inglaterra. Esperava-se muito de Pelé na Copa da Inglaterra, mas para nossa infelicidade o grande jogador brasileiro, nossa esperança, mais uma vez, sofreu uma séria contusão.

Bem, baseado nessa errônea interpretação da comissão técnica brasileira, integrada por Ernesto dos Santos, um teórico do futebol, muito respeitado, José de Almeida e de Paulo Amaral, o preparador físico da seleção, com grande influência junto a Feola, entramos para jogar contra a Hungria. No lugar de Pelé, entrou Tostão e no meio de campo, no lugar de Denílson, vejam vocês como estava confusa essa comissão, Gérson, que estava no banco no primeiro jogo. A fama de Denílson como jogador de primeiro combate ganhou a preferência do nosso treinador. A entrada de Gérson como articulador de meio campo era uma esperança, ao lado de Tostão, para dar maior qualidade técnica ao nosso time e principalmente ao nosso ataque. Visivelmente tanto Gérson quanto Tostão sentiram a estréia e ambos, com características técnicas idênticas, trabalharam muito de um só lado do campo. Alcindo não se entendia com os dois, Jairzinho ficou esquecido na ponta esquerda. Recordo que nessa partida, quando estávamos perdendo de 2x1, no segundo tempo, Alcindo fez uma jogada que lhe custou a posição no terceiro jogo. Uma bola cruzada, praticamente gol do Brasil, Alcindo entrou com tanta vontade de completar a

Brasil em Copas do Mundo

jogada para ganhar o gol que conseguiu a incrível façanha de cabecear a bola e tirá-la de dentro do gol da Hungria. Lembra aquelas jogadas que o atacante perde o gol, dentro do gol com a bola entrando?

Bene, Farkas e Meszoly marcaram os gols húngaros. Albert foi o coordenador do meio campo, o homem dos passes precisos, que abriram as portas da defesa brasileira. Imaginem vocês a confusão na concentração do Brasil após essa partida. O chefe da delegação era o presidente João Havellange e lhe faltou a "tarimba" do velho Paulo Machado de Carvalho para acalmar as coisas. Ademais, as críticas oriundas do Brasil criaram um clima terrível na seleção, além da hostilidade de jogadores e dirigentes para com alguns colegas do rádio e dos jornais presentes em Liverpool.

Mesmo assim, esperou-se o jogo de Portugal contra a Bulgária para uma avaliação mais profunda das condições técnicas do time português. No primeiro jogo, Eusébio não marcou, José Augusto com dois gols e Torres foram os goleadores. Eusébio teve uma marcação fortíssima e evitou inclusive as bolas divididas. Como Portugal virou o primeiro tempo ganhando de 1x0, Oto Glória avançou Zé Augusto e recuou Eusébio para não correr risco com o maior jogador da Europa na oportunidade. O fato é que a vitória Portuguesa contra a Bulgária, por 3x0, com Eusébio marcando um gol, preocupou o Brasil.

Fomos para o terceiro jogo, novamente em Liverpool, com um público muito bom, o maior dos jogos do Brasil naquela cidade, mesmo porque Portugal se credenciara com as suas vitórias até então e o Brasil era bicampeão, isso servia para valorizar o jogo. Sessenta e dois mil pagantes assistiram o jogo e a eliminação do Brasil. A confusão da comissão era tão grande, que o nosso time entrou inteiramente mudado.

Orlando, que não jogara no Chile e estava na reserva, entrou nesse jogo. No lugar de Djalma Santos colocaram Fidélis, no gol entrou Manga, Rildo entrou no lugar de Altair, Denílson voltou no lugar de Gérson, Jairzinho foi para sua

1966 – O fracasso em Liverpool

verdadeira posição, ponta direita, saindo Garrincha, Silva entrou no lugar de Alcindo, Tostão devolveu a posição para Pelé e Paraná entrou na ponta esquerda.

Precisa explicar por que perdemos? Essa alteração radical acabou com o pouco do conjunto que tinha a seleção. Manga, grande goleiro, entrou nervoso e jogou mal. O resto do time não se entendeu de jeito nenhum. Pelé, alvo de marcação severa e "caçado" pelos adversários, acabou contundido e teve de permanecer em campo sem jogar o seu futebol. E aí pontificou Eusébio na seleção portuguesa. Eusébio fez dois gols, o pequeno Simões fez mais um complementando os três gols que deram a vitória para a seleção portuguesa. Rildo, vejam vocês, fez o gol do Brasil, tal a falta de organização tática e de conjunto da nossa equipe.

Raciocinemos em definitivo: o Brasil, na fase de preparação, convocou quarenta e cinco atletas para treinar e escolher os vinte e dois da Copa. O clima na seleção era terrível. Jogadores e dirigentes de clubes a trabalhar em prol da manutenção dos seus atletas. Empresários de olho em seus pupilos, enfim uma farra extraordinária. Aconteceu o que se poderia esperar: de quarenta e cinco atletas, escolheram uma seleção que não representava o melhor do futebol na época e isso liqüidou com o Brasil.

O fato é que Portugal venceu a Coréia do Norte por 5x3, perdeu sua única partida para a Inglaterra por 2x1 e ficou em terceiro lugar ao vencer a Rússia por 2x1. Eusébio foi o artilheiro da Copa com nove gols e Portugal teve a mais brilhante participação da sua história numa Copa do Mundo. Para nosso consolo, o técnico era o brasileiro Oto Glória.

Bem, todo mundo sabe como terminou a Copa. A Inglaterra venceu a Alemanha por 4x2. Empatou, com um gol que, até hoje, se discute se a bola entrou ou não, por 2x2 no tempo regulamentar e na prorrogação marcou mais dois gols e venceu por 4x2.

Nós ficamos em 11º lugar. A mais melancólica posição que o Brasil obteve numa Copa...

Quando perdemos uma Copa, as críticas são muitas e as promessas maiores ainda. Não poderia ser diferente em 1966. Ficou a esperança de que em 1970 teríamos mais organização e mais seriedade.

Brasil na Copa de 1966

GRUPO 3

Brasil 2 x 0 Bulgária
Data: 12/07/66
Local: Liverpool
Árbitro: Kurt Tschenscher (Alemanha Ocidental)
Público: 48.000 pagantes
Gols: Brasil: Pelé e Garrincha
Brasil: Gilmar, Djalma Santos, Bellini, Altair, Paulo Henrique, Denílson, Lima, Garrincha, Alcindo, Pelé e Jairzinho
Bulgária: Naidenov, Chalamanov, Penev, Voutsov, Gaganelov, Kitov, Jetchev, Dermendjiev, Asparoukhov, Yakimov e Kolev.

Hungria 3 x 1 Brasil
Data: 15/07/66
Local: Liverpool
Árbitro: Kenneth Dagnall (Inglaterra)
Público: 57.000 pagantes
Gols: Hungria: Bene, Farkas e Mezoloy
      Brasil: Tostão
Hungria: Gelei, Kapozta, Matrai, Szepesi, Meszoly, Sipos, Bene, Mathesz, Albert, Farkas e Rakosi
Brasil: Gilmar, Djalma Santos, Bellini, Altair, Paulo Henrique, Gérson, Lima, Garrincha, Alcindo, Tostão e Jairzinho.

1966 – O fracasso em Liverpool

Portugal 3 x 1 Brasil
Data: 19/07/66
Local: Liverpool
Árbitro: G. McCabe (Inglaterra)
Público: 62.000 pagantes
Gols: Portugal: Simões e Eusébio (2)
   Brasil: Rildo
Portugal: José Pereira, Morais, Batista, Vicente, Hilário, Jaime Graça, Coluna, José Augusto, Eusébio, Torres e Simões
Brasil: Manga, Fidélis, Brito, Orlando, Rildo, Denílson, Lima, Jairzinho, Silva, Pelé e Paraná.

Brasil desclassificado

México 1970

Ano 1970
País Sede México
Campeão Brasil
Público 1.673.975

Equipe Bandeirantes
Cadeia Verde Amarela
Fiori Giglioti
Flávio Araújo
Mauro Pinheiro
Roberto Silva

No México, a companhia telefônica informou que não poderia atender a todas as emissoras que pediram circuito, pois o satélite estava congestionado. Houve a necessidade de se fazer um pool de emissoras. Eu e Ênio Rodrigues não viajamos para o México. A Bandeirantes fez um pool com a Rádio Panamericana.
Joseval Peixoto, ex-Bandeirantes, ganhou grande destaque no pool com a Bandeirantes.
O esquema com a minha participação, do Ênio Rodrigues e de toda a equipe foi de grande importância mesmo porque contamos desta vez com as imagens da Televisão. Fiori e Joseval dividiram a narração dos jogos do Brasil, um tempo cada um.

1970

Guadalajara virou Brasil

Em termos de mundial, a Copa de 1966 acabou despertando a consciência das confederações internacionais para o significado e a importância da presença de cada país na Copa do Mundo. Valorizaram as eliminatórias e financeiramente os atrativos se tornaram maiores para as nações que chegassem à disputa. Surgia no panorama internacional a Televisão Mexicana capitaneada por Emilio Ascarraga, que detinha o monopólio da televisão naquele país, com emissoras de língua espanhola também nos Estados Unidos, principalmente Nova Iorque e Los Angeles. Pela primeira vez a FIFA negociou os direitos de imagem com a televisão. Já no Chile, essa venda tinha sido pequena e quem gerou a Copa foi a Televisa, também mexicana. Ascarraga, com seu poderio financeiro, enxergou o imenso mercado da Copa do Mundo e acabou fechando um contrato longo com a FIFA, cujos detalhes gerais pertencem ao futebol e servem apenas para ilustrar o que eu vinha destacando, como a fase de transformar a Copa do Mundo em um dos maiores, senão o maior, negócio esportivo mundial.

A essa altura eu já estava radicado definitivamente na Bandeirantes como comentarista da equipe que se recuperava da saída das suas estrelas de maior expressão. Imaginem, por exemplo o time do Santos, se de repente, no auge das suas conquistas, saíssem Gilmar, Mauro, Zito, Pelé, Mengálvio, Pepe etc. Foi o que aconteceu na época com a saída para a Tupi e Record de grandes nomes da equipe da Bandeirantes. Trouxemos o Roberto Silva "olho vivo" de Poços de Caldas, viajei para Araraquara e convenci o Ênio Rodrigues a vir para a Bandeirantes, enfim fizemos um trabalho enorme, com grande participação da Diretoria da Bandeirantes, tendo à frente o Murilo Leite e em 1970 tínhamos de novo a Bandeirantes na liderança. Passei a ser muito conhecido, primeiro pela maneira de comentar o jogo à moda do Nordeste, com linguajar próprio, diferente inteiramente do saudoso Mauro Pinheiro, que era um estilista da linguagem e tinha uma forma, toda especial, de comentar o jogo, diferente da minha postura. E isso agradou aos paulistas da capital e do interior. Mesmo porque o jeito "caipira" em São Paulo pega bem. E eu, em essência, era um "matuto", denominação que significa caipira no Nordeste. Nessa época, com o sucesso de 1966, a Bandeirantes para promover a equipe e a Rádio repetia em 1970 a promoção: "Vamos à Copa com a Bandeirantes".

Em 1968 fui mandado ao México, pela Bandeirantes, porque já se sabia que havia dificuldade de hospedagem, principalmente em Guadalajara e posteriormente na cidade do México. Os hotéis queriam receber à vista e com um ano de antecedência o dinheiro das reservas e queriam o mês todo da Copa e não os períodos compreendidos a jogos do Brasil. Arrumei meu "portunhol" e fui ao México. Procurei o Ministério de Turismo deles, falei com o secretário, expliquei a situação e levei quase duas semanas para conseguir autorização e contratos que respaldavam os compromissos da emissora. As facilidades que consegui foram devido à proximidade das Olimpíadas do México e o problema de hospedagem fora motivo de confusão com os meios de comunicação de todo o mundo, permitindo portanto a intervenção do Governo. Como a Bandeiran-

1970 – Guadalajara virou Brasil

tes foi a primeira a chegar ao México para a Copa de futebol, dois anos depois acabamos beneficiados pela vontade das autoridades mexicanas de garantir uma permanência mais tranqüila da nossa equipe.

No Brasil, depois do impacto da derrota de 1966 começou outra batalha. Alguns cronistas esportivos do Rio e São Paulo fizeram críticas mordazes ao comportamento da seleção, na fase de preparativos com os absurdos quarenta e cinco convocados em Liverpool. Começou daí, também, uma fase mais profissional da mídia, escrita e falada. De repente a comunicação dos dirigentes da CBF e da imprensa ficou hostil. Ambas as partes não encontravam pontos comuns para o diálogo, e isso perdura até hoje. Aliás, o dirigente brasileiro tem esse defeito: enquanto a imprensa elogia o trabalho de um "cartola", ele é o maior amigo do jornalista, isto também acontece com os técnicos de futebol etc. Bastou uma crítica para o clima mudar. Passa a ser hostil, alimentado principalmente por boatos e pelos familiares de cada um, jogadores, técnicos e dirigentes. Para a Copa de 1970, desde a convocação para as eliminatórias, o clima começou a ficar difícil. Tenho de reconhecer que a culpa desse clima, que perdura até hoje e que cresce a cada Copa do Mundo, se deve em parte a alguns colegas. Nessa época, alguns companheiros do Rio e São Paulo, antes do Brasil jogar, já vaticinavam a nossa derrota. Aumentava a tensão de expectativa entre os membros da seleção e muitas prejudicaram os trabalhos da nossa equipe. Desde 1970, até hoje, nunca se fez nada para corrigir esse problema. A CBF jamais montou um Setor de Imprensa competente. E isso, sem dúvida, trouxe prejuízos enormes à seleção do Brasil.

Setenta e um países inscreveram-se, perfazendo um total de setenta e três se levarmos em conta a classificação da Inglaterra, campeã, e o México, país anfitrião. O México já contava em 1968 com a infra-estrutura das Olimpíadas: estádios, técnica de transportes, sistema de comunicação etc. Daí inclusive sua escolha com essa forte justificativa da experiência olímpica. Os mexicanos, diga-se de passagem, não só brilharam na preparação das Olimpíadas como realizaram, em termos de organização, uma bonita Copa do Mundo.

Começamos a nossa fase de classificação numa chave que considerei sempre ótima para o Brasil. Nossos adversários eram Venezuela, Colômbia e Paraguai. Até 1970, esses países não entravam no *ranking* de adversários fortes. Eram, até agora, com algumas exceções, fregueses de caderneta do Brasil. Estreamos em Bogotá, dia 6 de agosto de 1968 contra a Colômbia e ganhamos de 2x0. Jogamos a segunda partida em Caracas, contra a Venezuela, e ganhamos de 5x0. Eu comentei esses jogos, destacando com antecipação que nós nos classificaríamos, pois os adversários eram fracos tecnicamente. O mais difícil, parecia o Paraguai: ganhamos de 3x0 em Assunción. E aí temos de parabenizar o pessoal da CBF e sua influência na FIFA, pois, além do sorteio que nos beneficiou, os três jogos finais seriam todos no Brasil. Ou seja: Em caso de "zebra" fora de casa a gente ganharia no Brasil. Nem foi preciso observar esse aspecto político: Ganhamos de 6x2 da Colômbia no Rio, de 6x0 da Venezuela e no dia 31 de agosto de 1969, encerramos a jornada já classificados, ganhando do Paraguai por 1x0.

Mesmo assim, parte da imprensa vaticinava que o Brasil não teria chance porque era desorganizado, as convocações eram péssimas etc. Parece até aqueles comentaristas econômicos que antes de qualquer coisa já afirmam que o Brasil vai para o buraco. É a velha jogada de parecer entendido das coisas, para em caso de queda garantir: "eu não disse"...

Nesse tempo, ainda não se tinha inaugurado o Trem da Alegria da seleção. Ou seja, acertar amistosos com todo mundo, com qualquer equipe, para cumprir contratos de televisão e patrocinadores. Antes de 1970, um jogo da seleção era assunto sério e raro. Hoje é como cocada de baiano: tem em toda esquina... com um agravante, cocada é um doce maravilhoso, principalmente a baiana.

:: A conquista de 1970

Nunca vou esquecer a noite de despedida da seleção em São Paulo. Se em 1958 a seleção de Feola tinha Pelé, Garrincha, Vavá e Zito, mesmo na reserva, esta seleção mantinha, Rivelino no banco, Zagalo queria Paulo César Caju e outros no quadro principal e a despedida aqui foi melancólica. Vaia, descrédito e vitória para os cronistas que falavam de um fracasso pior que o de 1966.

Assim como em 1958, a seleção de 1970 não saiu do Brasil com a esperança da vitória. Era uma seleção que não tinha brilho e não tinha a confiança do público em função da postura da mídia. Volto a insistir, até hoje a CBF não tem um setor de imprensa capaz de conversar com os companheiros da crônica esportiva. Uma crítica é interpretada com hostilidade, a começar pelos técnicos e incluo Zagalo e todos depois de 1970, que passaram pela Seleção, como culpados em não ter a paciência de conversar ou pelo menos ouvir, ver ou ler a crítica de espírito aberto. Se algumas vezes a crítica fosse vista, lida ou ouvida, de espírito aberto, tudo poderia ser diferente e ter lucrado o futebol brasileiro.

Mas na seleção, tem os bem-intencionados e a turma do "puxa-saquismo".

Essa turma presta sempre um desserviço ao futebol, porque está sempre do lado do dirigente e envenena as relações que poderiam ser cordiais e como nós somos uma imprensa ativa, de centenas de emissoras, jornais etc., a coisa fica difícil. O fracasso do setor de imprensa da CBF é um fato concreto. Sua inoperância é de tal significado que o responsável por esse setor, nos treinos da seleção, é o primeiro a complicar o trabalho da imprensa.

Até hoje não sabemos o que aconteceu no México. Quem conversou com quem. Se Zagalo chamou alguns jogadores com experiência para falar francamente sobre o time. Não sei, não estava na concentração do Brasil e não posso inventar uma história qualquer, e afirmar o que apenas ouvi dizer. O fato é que, inspirado ou não, conseguiram um lugar para o Rivelino. De meia, Rivelino foi para a ponta. Jogaria como jogou Zagalo em 1958. Ao invés do forte 4/2/4, jogamos com uma variante de 4/3/3, já que Rivelino cumpriu muito bem essa função. E o ponta esquerda convocado era Edu do Santos, um jogador em forma absoluta naquela oportunidade.

Eu continuo, ao longo dos anos de crônica esportiva, convicto de que a condição psicológica é importante para um time chegar ao título de campeão em uma Copa. Pela primeira vez, na Copa mexicana, a FIFA alterou o regulamento, permitindo duas substituições por jogo. Afinal, os países reclamavam muito do fato de, sem substituição, uma seleção acabar com dez ou nove homens, por contusão, sem uma chance de consertar as coisas e haver o risco, como houve com o Brasil na Inglaterra, de uma seleção de menor calibre ganhar uma classificação não pelo mérito do seu futebol mas pela infelicidade do seu adversário.

:: Guadalajara

Por que falo do clima psicológico?

Simples. Das vaias da torcida brasileira, das críticas da imprensa brasileira, a seleção chegou no México, em Guadalajara, e surpreendeu-se com o carinho da torcida e da imprensa mexicana. A chegada dos brasileiros à cidade foi uma festa. Da noite para o dia os turistas brasileiros, os jogadores brasileiros, a crônica brasileira foi adotada pela cidade, pelo povo mexicano de Guadalajara. Para o México, como país, a coisa parecia, para nós brasileiros, o Chile de 1962. Todos acreditavam na vitória do Brasil, no futebol do Brasil, na qualidade e simpatia

1970 – Guadalajara virou Brasil

dos brasileiros. Algo inacreditável. Guadalajara parecia mais uma cidade "brasilena"... Olé!

Que lição, nós brasileiros, recebemos no México. Esse carinho, para mim, acertou, psicologicamente a nossa seleção. Tivéssemos esse clima na Suíça e não perderíamos para os húngaros, asseguro a vocês. O clima de euforia tranqüilizou o nosso time. Parecia que estávamos jogando no Brasil, com a torcida brasileira e não em Guadalajara, cidade do México, na Copa do México.

Daí não ser surpresa o que ocorreu em nossa estréia.

Dia 3 de junho de 1970, 52.000 mil mexicanos no horário do almoço. Lá se joga ao meio dia. Nosso adversário era a Tchecoslováquia, que tinha feito a final contra o Brasil em Santiago em 1962.

Daquele time não tinha mais ninguém entre os tchecos. Nós tínhamos Pelé, Tostão, Gérson e Jairzinho. Começa o jogo e Petras marca 1x0. Ninguém se abalou, nem o público. O Brasil vai e empata com gol de Rivelino, 1x1 no primeiro tempo. No segundo, os tchecos não foram adversários para agüentar o ritmo e o futebol brasileiro. Embalado pela torcida, faz 2x1, gol de Pelé e Jairzinho, que herdara a ponta direita de Garrincha e já prenunciava ser mesmo o "Furacão da Copa", marcou 2 gols e vencemos sem problemas por 4x1.

Para Zagalo, Paulo César Caju era um craque que não poderia ficar de fora da seleção. No primeiro jogo ele colocou Paulo César em substituição a Gérson, alegando que Rivelino e Gérson, sendo canhotos e correndo do mesmo lado, prejudicariam a composição tática da seleção; já Paulo César era ambidextro e por isso poderia ser mais útil. O fato é que no segundo jogo contra a Inglaterra, entra Paulo César e sai Gérson. Outra experiência para atender a crônica carioca de tremenda influência na mídia: a entrada de Roberto Dinamite no lugar de Tostão. A teoria é que Roberto Dinamite, como homem gol, artilheiro de decisão na área, poderia fortalecer o ataque melhor que Tostão, que além de ser do Cruzeiro, era um jogador inteligente, técnico, craque em abrir espaços pelas suas deslocações para o setor esquerdo, onde deveria estar mas não estava Rivelino, podendo formar com Paulo César uma dupla de respeito na área adversária.

Bem, o goleiro Banks praticou uma série de defesas, mas ficou provado que nós teríamos mais qualidade técnica que qualquer outro time e as características de Roberto Dinamite para aquele tipo de jogo destoava como um tocador de tuba num concerto de violinos. Ganhamos de 1x0, gol de Jairzinho, mas não jogamos bem.

Para sessenta mil pessoas de Guadalajara, todavia, a vitória era a vitória.

Na saída do estádio o povo estava nas ruas, na calçada, imaginem só, para aplaudir a seleção e todo brasileiro com a camisa verde e amarela. Inesquecível Guadalajara!

Veio a Romênia. A essa altura, do Brasil chegaram as notícias das críticas ao time, críticas à escalação de Zagalo, mesmo porque só três cariocas jogaram na estréia, contra o resto de paulistas, gaúchos e mineiros.

Veio o segundo jogo e já eram cinco cariocas no time, somando-se as substituições. Ganhamos de 3x2, com dificuldade. A Romênia, nessa fase, foi o melhor adversário que tivemos. A escola sul-americana da Romênia e a habilidade dos seus jogadores, no setor individual, atrapalharam o Brasil, que alterando sua composição, quebrou a unidade e conjunto e facilitou a tarefa dos nossos adversários. Clodoaldo se contunde e entra Edu naquela posição; sai Everaldo, entra Marco Antonio e Jairzinho vai deslocado para a direita; sai Rivelino. Entra quem? Paulo César Caju...

Pelé, com dois gols, e Jairzinho mais uma vez. Ganhamos invictos a classificação.

Nas outras chaves, os classificados empataram ou perderam. O Brasil não. Ganhou as três partidas e estava preparado para as quartas-de-final.

Tivemos quatro dias para pensar no time. Nosso adversário, no dia 4 de junho, seria a seleção peruana, que tinha vencido Bulgária e Marrocos e só perdera para a Alemanha. Nesse jogo continuou o revezamento de Gérson e Paulo César Caju.

1970 – Guadalajara virou Brasil

Voltava Rivelino, que daria mais força e mais personalidade na ponta esquerda, caindo para o meio de campo e deixando livre Tostão para abrir espaços por aquele setor e o Roberto acabou entrando no lugar de Jairzinho na ponta, ostensivamente para poupar o jogador.

Ganhamos fácil de 4x2. Marco Antonio, mantido pela contusão de Everaldo, não foi feliz na cobertura de Gallardo e tomamos dois gols do Peru. Um de Cubillas e outro de Gallardo. Mas nossa seleção jogou inspiradamente um grande futebol. Tostão marcou dois gols, os outros gols foram de Rivelino e Jairzinho. Tostão, nessa partida, deu um "baile" no atlético zagueiro peruano, Chumpitaz, que até hoje é um dos grandes jogadores do Peru e um dos grandes zagueiros sul-americanos que conhecemos. Volto a fazer a comparação: Se está Roberto Dinamite, ele e Chumpitaz travariam um duelo de força dentro da área. Com Tostão, foi diferente, Chumpitaz teve de sair na cobertura para acompanhar Tostão e acabou permitindo que o mineiro marcasse dois gols extraordinários. Cinqüenta e quatro mil torcedores. O Brasil lotava, mais uma vez, o Estádio Jalisco de Guadalajara. Aliás o entusiasmo pelo futebol e a emoção da Copa fizeram com que todos os jogos no Jalisco tivessem a lotação quase completa.

Quem estava aproximando-se do Brasil, novamente num mundial, era a seleção uruguaia. Os uruguaios venceram Israel por 2x0 e empataram com a Itália 0x0, e mesmo perdendo para a Suécia por 1x0, a seleção uruguaia foi beneficiada na classificação por empates da Itália e da Suécia com a seleção de Israel. Vejam vocês, lembrando 1950, os uruguaios chegavam para enfrentar o Brasil não só pelas suas virtudes mas também pela má sorte dos seus adversários. Para jogar contra o Brasil, mais uma vez a sorte uruguaia. Empataram em 0x0 com a Rússia e na prorrogação com gols de Esparrago, o Uruguai arranca a sua classificação. Já imaginaram o clima em Guadalajara entre os torcedores brasileiros? Mais uma vez o Uruguai. A gente vem jogando bem, ganhando de todo mundo e aí chega a seleção uruguaia, que empata daqui, empata dali, ganha acolá, vence na prorrogação, ou seja, aos trancos e barrancos ela chega, e com alguns jogadores conhecidos, como o goleiro Mazurkiewicz, tão bom como Máspoli, craques como Morales, Cubillas (não confundir com o peruano), Monteiro Castilho, Ancheta, Matosas, enfim, uma série de grandes jogadores que transformavam o Uruguai, mais uma vez, em um grande adversário.

Zagalo e a comissão técnica foram iluminados. Depois de diversas experiências, põe fulano e tira sicrano, parece que o consenso chegou à seleção. O time que entrou, com Everaldo já recuperado da sua contusão, era o que todos queriam. Felix, Carlos Alberto, Brito, Piazza e Everaldo. Clodoaldo e Gérson, Jairzinho, Tostão, Pelé e Rivelino.

Nessa Copa, uma música levantou a confiança popular. Uma música que se imortalizou na Copa: "Prá frente Brasil". Não pode deixar de ser citada como símbolo do arranque da seleção. Essa música uniu o Brasil em torno da seleção. Uma das coisas mais inspiradas da história de nossas participações em Copa do Mundo.

Começa o jogo contra o Uruguai. O local, de sempre, Guadalajara, é despedida da seleção. Dia 17 de junho de 1970. O público não era o maior dos jogos do Brasil, apenas cinqüenta e um mil pagantes. O Uruguai marca primeiro, 1x0, gol de Cubilla. Quase no final do primeiro tempo, com uma jogada de raça e de gênio, Clodoaldo fura o bloqueio e na saída do magnífico goleiro uruguaio, empata a partida. Primeiro tempo termina 1x1.

Em 1970, outra coisa precisa ser dita: A seleção sempre jogou mais no segundo do que no primeiro tempo.

Parece que nos vestiários, com tranqüilidade, jogadores e comissão técnica encontravam o denominador comum. E nessa partida, a ordem, para o segundo tempo, era jogar na frente, no ataque, não permitir recuo e nem facilitar com o adversário. Jairzinho e Rivelino marcaram, fizemos 3x1 e tivemos uma vitória com sabor de vingança. Nossa despedida de Guadalajara simplesmente foi gloriosa. Fomos para o México. Cidade do México, capital daquele país e para o jogo final contra a Itália.

1970 – Guadalajara virou Brasil

Aí já não tinha mais ninguém contra. Mesmo os pessimistas começaram a rever suas posições, a partir da partida contra o Uruguai e pela primeira vez e única em Copas do Mundo, assisti a um fenômeno extraordinário: O povo e a imprensa finalmente estavam de acordo que aquele time era o time melhor que o Brasil poderia colocar em campo. Até as restrições contra Felix, um bom goleiro mas sem carisma para a seleção, e Brito, considerado um grosso do futebol, ganharam unanimidade.

Parecia que Guadalajara tinha-se mudado para a capital mexicana. A seleção não sentiu nenhuma espécie de mudança. Era a mesma coisa, o mesmo clima, a mesma paixão pela gente brasileira, o mesmo aplauso pela vitória. Envolvidos por essa mágica participação, fomos jogar contra a Itália.

E deu no que deu. Como sempre, jogamos mais no segundo do que no primeiro tempo. Empatamos em 1x1 no primeiro tempo, com gols de Bonisegna e Pelé.

No segundo tempo, melhor segundo tempo que uma seleção brasileira já jogou até hoje, em qualquer mundial, e sou testemunha de todos a partir de 1950, marcamos mais três gols; de Gérson, com uma acuidade magnífica de fora da área, de Jairzinho, e aquele passe fora de série para a entrada fulminante e definitiva de Carlos Alberto, no gol para mim um dos mais bonitos que já assisti, pela criatividade, praticidade, beleza do passe e pela finalização. Tudo absolutamente perfeito. Quem tiver o vídeo em casa veja a jogada e veja se não é um gol de Copa do Mundo.

Pois é, ganhamos, levamos a Copa definitivamente e nada a acrescentar nesse particular. Só que a partir de 1970 o futebol mudou de estilo, mudou de filosofia e se transformou no grande negócio do século. O maior negócio do mundo.

Brasil na Copa de 1970

GRUPO 3

Brasil 4 x 1 Tchecoslováquia
Data: 03/06/70
Local: Guadalajara
Árbitro: Ramon Barreto (Uruguai)
Público: 52.000 pagantes
Gols: Brasil: Rivelino, Pelé e Jairzinho (2)
Tchecoslováquia: Petras
Brasil: Félix, Carlos Alberto, Brito, Piazza, Everaldo, Clodoaldo, Gérson (Paulo César), Jairzinho, Tostão, Pelé e Rivelino
Tchecoslováquia: Viktor, Dobias, Horvath, Migas, Hagara, Kuna, Hrdllika (Kvasnak), Frantisek Vesely (Bohumil Vesely), Petras, Adamek e Jokl.

Brasil 1 x 0 Inglaterra
Data: 07/06/70
Local: Guadalajara
Árbitro: Abraham Klein (Israel)
Público: 66.000 pagantes
Gol: Brasil: Jairzinho
Brasil: Félix, Carlos Alberto, Brito, Piazza, Everaldo, Clodoaldo, Jairzinho, Paulo César Lima, Tostão (Roberto), Pelé e Rivelino
Inglaterra: Banks, Wright, Moore, Labone, Cooper, Mullery, Bobby Charlton (Astle), Alan Ball, Peters, Hurst e Lee (Bell).

1970 – Guadalajara virou Brasil

Brasil 3 x 2 Romênia
Data: 10/06/70
Local: Guadalajara
Árbitro: F. Marshall (Áustria)
Público: 50.000 pagantes
Gols: Brasil: Pelé (2) e Jairzinho
   Romênia: Dumitrache e Dembrowski
Brasil: Félix, Carlos Alberto, Brito, Fontana, Everaldo (Marco Antonio), Piazza e Clodoaldo (Edu), Jairzinho, Tostão, Pelé e Paulo César Lima
Romênia: Adamache (Raducanu), Satmareanu, Lupescu, Mocanu, Dinu, Dembrowski, Dumitrache (Tataru), Nunweiller, Neagu, Dumitru e Lucescu.

QUARTAS-DE-FINAL

Brasil 4 x 2 Peru
Data: 14/06/70
Local: Guadalajara
Árbitro: Vital Louraux (Bélgica)
Público: 54.000 pagantes
Gols: Brasil: Rivelino, Tostão (2) e Jairzinho
   Peru: Gallardo e Cubillas
Brasil: Félix, Carlos Alberto, Brito, Piazza e Marco Antonio, Clodoaldo e Gérson (Paulo César); Jairzinho (Roberto), Tostão, Pelé e Rivelino
Peru: Rubiños, Campos, Chumpitaz, Fuentes, Ramón Mifflin, Challe, Baylon (Sotil), Perico León, Cubillas, Fernandez e Gallardo.

Brasil em Copas do Mundo

SEMIFINAL

Brasil 3 x 1 Uruguai
Data: 17/06/70
Local: Guadalajara
Árbitro: Ortiz de Mendibil (Espanha)
Público: 51.000 pagantes
Gols: Brasil: Clodoaldo, Jairzinho e Rivelino
   Uruguai: Cubilla
Brasil: Félix, Carlos Alberto, Brito, Piazza, Everaldo, Clodoaldo, Gérson, Jairzinho, Tostão, Pelé e Rivelino
Uruguai: Mazurkiewicz, Ubiñas, Ancheta, Matosas, Mujica, Montero Castillo, Cortez, Cubilla, Manero (Esparrago), Fontes e Moralez.

FINAL

Brasil 4 x 1 Itália
Data: 21/06/70
Local: Cidade do México
Árbitro: Rudolf Gloeckner (Alemanha Oriental)
Público: 107.000 pagantes
Gols: Brasil: Pelé, Gérson, Jairzinho e Carlos Alberto
   Itália: Boninsegna
Brasil: Félix, Carlos Alberto, Brito, Piazza, Everaldo, Clodoaldo, Gérson, Jairzinho, Tostão, Pelé e Rivelino
Itália: Albertosi, Burgnich, Cera, Rosato, Fachetti, Bertini (Juliano), Mazzola (Rivera), De Sisti, Domenghini, Boninsegna e Gigi Riva.

Brasil Campeão

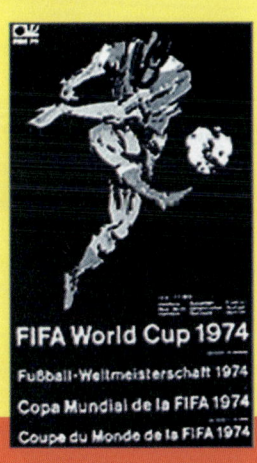

Alemanha 1974

Ano 1974
País Sede Alemanha
Campeão Alemanha
Público 1.769.062

**Equipe
Rádio Gazeta - SP**

Mílton Peruzzi
Barbosa Filho
Geraldo Blota
Dalmo Pessoa
José Italiano

1974

O carrossel holandês

Em 1954, a delegação do Brasil foi presidida pelo ministro João Lyra Filho, que era então o presidente do CND, o Conselho Nacional de Desportos. Tivemos dois delegados ao Congresso da FIFA, um tesoureiro e um assistente de tesouraria, que era quem trabalhava de verdade, o veterano Alfredo Curvello como membro do conselho técnico da CBD, cargo equivalente ao atual diretor de futebol, médico, massagista, roupeiro e cozinheiro.

Naquele tempo o massagista ajudava o roupeiro e vice-versa e a delegação foi composta de doze pessoas e mais, evidentemente, os vinte e dois atletas, sendo três goleiros, a saber, Veludo, Castilho e Cabeção.

Na Copa de 1958 a seleção, sem os jogadores, era composta de treze membros, incluindo-se o dentista Mário Trigo e o psicólogo Prof. João Carvalhaes. E com cautela, para fazer quase um conselho esportivo, o Dr. Paulo Machado de Carvalho levou Carlos Nascimento como diretor técnico e José de Almeida como observador técnico. Esses dois, mais Feola e o Dr. Paulo Machado de Carvalho eram os homens que conversavam antes e depois dos jogos, tratando a estratégia do Brasil. Nesse tempo o diálogo entre cartolas e técnicos e funcionários era mais fácil. Ganhava-se menos, predominava um certo espírito amador e a hierarquia esportiva era um fato. Isso facilitou o trabalho que permitiu a nossa conquista.

Em 1962, novamente treze pessoas na delegação do Brasil. A figura do psicólogo desapareceu e entrou o administrador, a cargo de Mozart Di Giorgio, um funcionário da CBD, de grande força como homem de confiança de Havelange. Foi mantido Carlos Nascimento, e Ernesto dos Santos assumiu o cargo de observador técnico. Mas o Zé de Almeida foi como assessor administrativo no lugar do assessor da tesouraria, que dessa vez não emplacou. Mesmo assim foram só treze pessoas. Era ainda a época do pouco dinheiro e do amadorismo.

Em 1966, na Inglaterra, presidiu a delegação o próprio João Havelange e aí o número caiu. Somente nove pessoas na delegação, incluindo o Feola, dois "olheiros", Ernesto dos Santos e Zé de Almeida e Mário Trigo. Pela primeira vez introduziu-se dois preparadores físicos, já que nas seleções anteriores só tínhamos um, Paulo Amaral. Assim mesmo, de treze membros caímos para nove pessoas, uma economia de guerra imposta pelo Sr. João Havelange.

A partir da Inglaterra, como eu venho acentuando, a mentalidade profissional começou a mudar. A televisão começou a aparecer, o dinheiro aumentou, o futebol profissional cresceu e se em 1970 tínhamos setenta e três países inscritos, em 1974, com o aumento de países filiados, já que o futebol crescia de interesse e de emoção, noventa e quatro países se inscreveram para as eliminatórias, demonstrando assim, claramente, o crescimento do futebol como esporte mundial.

Diversos acontecimentos foram importantes em 1974. Vamos aos fatos que mudaram definitivamente o futebol como conceito esportivo e como máquina de fazer dinheiro, passando a interessar multinacionais, empresas e fabricantes de material esportivo, conglomerados de televisão e jornais cujo crescimento a partir dessa época revolucionou o futebol.

1974 – O carrossel holandês

A Copa do Mundo já era o maior negócio da FIFA. Empresas alemãs, norte-americanas, japonesas começaram a entrar no mercado, atraídas inclusive pela cobertura da televisão e sobretudo pelo retorno rápido dos seus investimentos no plano mundial. O que me surpreende nessa história toda é que só a cerveja nunca lutou para entrar firme nos grandes acontecimentos. Aliás, enquanto temos marcas de refrigerantes no contexto mundial não existe uma marca de cerveja mundial.

As marcas continuam centralizadas em países e regiões e embora o consumo da cerveja seja altíssimo no meio dos que gostam de futebol, o fato nunca interessou porque as cervejas são nacionais, não são mundiais. Mas, como ficou patente, o negócio começou a influir no futebol de forma direta. Itália, Alemanha, Espanha e lentamente a Inglaterra se transformaram em grandes centros esportivos com a contratação de jogadores de todas as partes do mundo. A Holanda, patrocinada por algumas indústrias de peso, incluindo a Phillips, passou a entrar no "time" dos países investidores e uma verdadeira procissão de jogadores do mundo inteiro começou a ganhar muito para jogar e com isso gerou-se uma descaracterização do sentido patriótico do próprio jogador profissional. A seleção passou a ser um meio, não um fim, ou seja, a convocação e presença na seleção era, como é hoje, um passaporte para o futuro e para grandes contratações. O jogador melhorou a sua mentalidade. Aqui no Brasil, a figura do jogador boêmio começou a desaparecer e sua visão do dinheiro e do seu valor passou a ser outra, principalmente devido a entrada de um novo personagem, que também se profissionalizou: O Empresário.

Na Copa da Alemanha, independente da sua importância e do seu valor, já se tinha a idéia básica de como seria o futuro do futebol. O rádio começou em 1974 a perder a sua importância histórica como meio de comunicação com o torcedor. A própria melhoria das comunicações marcou o princípio do declínio do rádio. A televisão, à medida que melhorava as comunicações, ampliava o seu poder junto ao grande público. Afinal o rádio era a comunicação pela imaginação. A televisão era a comunicação visual. No rádio o torcedor depende do locutor e do comentarista, do seu poder de descrição, de crítica e de transmissão das emoções. Na televisão é diferente. A emoção é vivida no ato, visualmente. O torcedor vê e vibra, e com isso a partir de 1974 o rádio começou a perder espaço para as televisões.

A Copa de 1974 teve algumas agradáveis surpresas:

A primeira delas, a vitória de João Havellange, presidente da CBF, para presidente da FIFA, substituindo Sir Stanley Rous, o inglês que substituíra Jules Rimet. A vitória de Havellange foi fruto de um longo trabalho entre os novos filiados da FIFA. Sabendo que não contaria com a Europa, Havellange trabalhou a América do Sul e teve aliados importantes como o uruguaio Washington Cataldi, o argentino Julio Grandona e Teófilo Salinas, então presidente da Confederação Sul-Americana. Junto a esses dirigentes, a catequese com os novos países filiados, árabes, africanos e asiáticos deu a vitória a Havellange, já que na época cento e quarenta países já estavam filiados à FIFA. E eu tenho absoluta certeza de que esse aumento de países, que se alinhavam com o futebol, foram atraídos, ao longo dos anos, pelos Campeonatos Mundiais de Futebol, com o marketing esportivo com poder de atrair todos para a FIFA. Hoje a FIFA, tem mais filiados que a ONU e é sem dúvida a multinacional do futebol. Nunca ninguém se debruçou ao longo dos anos para estudar a FIFA, sua força, seu poderio econômico. O poder da FIFA é imenso. Maior ainda porque muita gente não sabe nada sobre essa gigantesca multinacional.

Como "santo da terra não faz milagre", Havellange sempre teve contestadores no Brasil. Não poderia ser de outra maneira, dentro da cultura nacional de sermos sempre contra os vitoriosos. O brasileiro prometeu e cumpriu ao longo do seu longo mandato tudo o que prometera na sua plataforma de 1974, ou seja: Nova sede da FIFA, realização de campeonatos mundiais de categorias diferentes como subvinte, além de controlar o futebol de salão e agora interferir de maneira definitiva no nascente e futuroso futebol de mulheres. Havellange nunca

1974 – O carrossel holandês

teve oposição de expressão mundial durante os seus vinte e cinco anos de presidência. Menos no Brasil, onde alguns queriam que o presidente da FIFA não fosse o presidente do futebol mundial e sim um presidente para servir apenas o futebol brasileiro. O fato é que esse homem, com sua visão e seu descortino, mudou a face do futebol e fez da FIFA o que é hoje: Uma empresa tão poderosa como uma Exxon, GM ou outra qualquer empresa. A explicação: A FIFA está em todos os lugares do mundo. As multinacionais estão em alguns, mas não em todos. No mundo inteiro, ninguém desafia a FIFA, já que ela é soberana no seu comando. As multinacionais são desafiadas e contestadas em muitas partes. O homem é Havellange, o que fez da FIFA o que ela é hoje.

Por isso, 1974 foi o divisor de águas da história do futebol. Antes o futebol era quase profissional. Depois de 1974 passou a ser a máquina financeira mais perfeita que se conhece. A começar por uma pergunta: Quem sabe o que tem a FIFA?

A Copa de 1974 marcou outra agradável surpresa: O surgimento do futebol holandês como força européia. O Ajax, Feynoord e outros times holandeses começaram a crescer e a lançar craques no mercado mundial.

A atração de 1974 era a Holanda com seu megastar Cruyff, e com ele um cortejo de craques: Rep, Van Hanegen, Krol, Haan etc.

Basta mostrar a vocês a evolução da Holanda. Em 1950 não se inscreveu.

Países como Birmânia e Índia estiveram inscritos e desistiram. Eram países dominados pela Inglaterra e evidentemente seu futebol sofria influência inglesa. A Holanda não existia como força na própria Europa. A Holanda não apareceu. Só em 1958 apareceram os holandeses, e no grupo em que se inscreveram, o número cinco da Europa, ao lado de Áustria e Luxemburgo, classificou-se a equipe austríaca.

Em 1962 a Holanda foi eliminada do seu grupo, que tinha Hungria e Alemanha Oriental. Classificou-se a seleção da Hungria.

Para a Inglaterra, numa chave com Irlanda do Norte,

Albânia e Suíça, a Holanda perdeu o posto para a Suíça. Em 1970, a Holanda novamente desclassificada em benefício da Bulgária, numa chave com Polônia e Luxemburgo. Finalmente em 1974, para a Alemanha, a Holanda consegue sua classificação no grupo três, batendo Bélgica, Islândia e Noruega. Finalmente a Holanda chegava ao seu primeiro mundial e aí com seu futebol profissional e dentro da nova mentalidade.

Afinal os holandeses bem patrocinados foram buscar jogadores na sua Guiana Holandesa (Paramaribo), nas Antilhas Holandesas, na Indonésia e na África, além da promoção efetuada dentro do próprio país, para lançamento de novos valores. A ascensão do futebol holandês data de 1972, quando começou a fase essencialmente profissional. Para que vocês tenham uma idéia, eles foram vice-campeões na Alemanha e receberam de prêmio mais que os jogadores alemães que ganharam o campeonato.

:: Por que perdemos a Copa de 1974?

O Brasil estava bem preparado para 1974. Tinha grandes jogadores, praticamente efetuara uma renovação em termos de valores, jogava com alguns jogadores excepcionais e poderia ganhar a Copa.

Por que perdemos? Vai aí meu julgamento pessoal.

Em 1974 eu já tinha saído da Rádio Bandeirantes e ingressado na Televisão Gazeta, agora como comentarista principal e sob o comando de Milton Peruzzi. Na Rádio Gazeta tínhamos um programa esportivo de enorme audiência em São Paulo e nossa Mesa Redonda de segunda-feira era dona da cidade. Nossa Mesa até hoje vive na memória de torcedores, pois sempre sou recordado nas ruas por gente que assistia a programação com uma grande equipe: Peirão de Castro, Geraldo Blota, José Italiano, Dalmo Pessoa e mais tarde Roberto Petri e Galvão Bueno.

1974 – O carrossel holandês

Aliás tanto Dalmo Pessoa, que era colunista de jornal, como Galvão Bueno, que venceu um concurso em que os juízes foram Roberto Petri e eu, nós os levamos para comentar no rádio. Galvão Bueno acabou transformando-se de um garoto que gostava de automobilismo na grande estrela da narração esportiva da televisão. Era um programa de peso. A Gazeta foi uma das maiores fases da minha carreira como comentarista. Afinal de contas, podia explanar minhas idéias e comentários ao lado de Peruzzi, com a certeza de ter peso para influenciar o público.

Fomos acompanhar a seleção à Alemanha e ficamos em plena Floresta Negra, na cidade de Titisee, próximos à concentração brasileira, colocada no alto de um monte e que se chamava, traduzido do alemão, mais ou menos assim: "o chifre do conde" ou negócio parecido.

Quem leu o livro *O Morro dos Ventos Uivantes,* das irmãs Brontee, deve ter uma idéia. Era um castelo antigo, frio, hotel para quem gostava de caçar num período em que o frio ainda não terminara e com neve no alto do monte. Até hoje não sei quem foi o "iluminado" que escolheu e aprovou essa concentração. Para treinar, o Brasil se deslocava para a cidade suíça de Basel, onde o campo, pelo menos, permitia a bola correr.

Já em 1974 se acentuou definitivamente o abismo que separa a seleção da imprensa. Os cartolas da CBF e da comissão técnica levam para o lado pessoal todas as críticas. Segundo entendo, todos os dirigentes do futebol brasileiro se consideram acima das críticas. Fazem suas besteiras, gastam dinheiro a rodo, usam sua influência política para beneficiar esse ou aquele clube ou jogador e não gostam de ser expostos à crítica geral. Como já disse, até hoje a CBF não tem um departamento jornalístico à altura da globalização atual. Além disso, outro detalhe importante: Ninguém manda tanta gente para um mundial como o Brasil em matéria de jornalista. Porque para o mundial o sonho do cronista da maior e menor cidade brasileira é estar lá e mandar boletim para suas emissoras. Já falei aqui que em 1950, 54, 58 até 70 a dificuldade de comunicação, linha de telefone, inibia o jornalista comum de participar da Copa. A partir do momento em que o telefone ficou fácil e a comunicação via Embratel também, acabou a moleza. Numa Copa a gente encontra colegas de todos os tipos e tamanhos, de todas as partes do Brasil e lamentavelmente a CBF nunca se preocupou em coordenar essa quantidade de gente. Daí a "bagunça", as críticas, enfim a confusão toda que transforma a ida da seleção brasileira numa Copa em uma autêntica "gaiola das loucas".

Como comentarista, minha posição foi sempre cômoda. Nunca vou aos treinos da seleção. Raramente vou a campo, mesmo porque essa é uma obrigação dos repórteres, que sofrem o diabo para trazer matéria concorrendo com as emissoras que pagaram direitos para transmitir a Copa e com a imensa maioria que não pagou nada mas que tem direito de comparecer, ajudar e atrapalhar a situação. O comentarista é o homem, na minha definição pessoal, que vê o jogo e transmite sua opinião. Que analisa os fatos e emite sua opinião. O crítico não convive com técnico ou jogador. E por isso muitas vezes passa desapercebido. Se é de rádio como eu, então é simples. Se é de televisão, aí a coisa muda de figura, porque todo mundo conhece o profissional. Por isso é que minha óptica, de visão e de observação é isenta de partidarismo. Por isso vejo as Copas de outro ângulo e de outra situação sem dever nada a ninguém.

Como já frisei, estávamos preparados para ganhar a Copa. Por que não ganhamos?

Zagalo tem um defeito que é ao mesmo tempo uma qualidade. Ele é teimoso, defensor das suas convicções e sofria pequena influência de alguns amigos como Chirol, Parreira, Cláudio Coutinho e alguns jogadores de 1958 com quem ele trocava idéias. Na concentração, na escolha da seleção, Zagalo manteve posição definida em torno de Jairzinho e Paulo César Caju, que sempre teve a preferência do técnico. Aliás, cada treinador de futebol tem sua preferência por determinado jogador. Jairzinho e Caju, quatro anos mais velhos, sem o mesmo futebol e sem a velocidade necessária, foram mantidos na equipe como recordação do México.

1974 – O carrossel holandês

E de acordo com a opinião dele, treinador da seleção, manteve Paulo César Caju de qualquer maneira. Outro jogador que apareceu na época, embora sem ser um craque mas batalhador, foi Dirceu, que sempre contou com o apoio de Zagalo. Acredito, opinião pessoal, que Zagalo via no Dirceu um jogador parecido com o Zagalo de 1958. Formiguinha, veloz, ativo, aplicado, não era um craque mas brigava do começo ao fim.

E aí Zagalo cometeu alguns erros que atrapalharam a seleção. Vamos, pois, para a Copa da Alemanha.

:: Como perdemos da Holanda

Para começo de conversa, o Brasil era favorito para ganhar a Copa do Mundo. E levávamos craques como Luís Pereira, Marinho Perez, Alfredo, Marinho Chagas na lateral esquerda, Paulo César Carpegiani, Rivelino, Ademir da Guia, Leivinha, Mirandinha, Jairzinho, Paulo César Caju, Valdomiro gaúcho, enfim uma equipe respeitável.

Levávamos também, na "farra" que se transformou a delegação brasileira na Copa do Mundo, dois cozinheiros, dois roupeiros, três preparadores físicos, dois médicos, supervisor, administrador, assessor do chefe da delegação, Cel. Tinoco, enfim, gente, um negócio impressionante. Sinal dos tempos. O rádio e a televisão também aumentaram seus efetivos. Se de 1950 a 1966 nosso grupo era de quatro a cinco profissionais e dois técnicos, já tínhamos ampliado a equipe de rádio e televisão e jornais. Por que não a CBF? Muito bem.

Vocês já imaginaram a "bagunça" de tanta gente? A procissão para acompanhar o treino da seleção em Basel era algo fora do comum e a quantidade de gente credenciada e não credenciada era impressionante. Daí a irritação de jogadores com a quantidade de entrevista, de técnicos, de dirigentes, enfim a confusão que só acontece com a delegação do Brasil. É um verdadeiro bazar árabe, minha gente. E até agora sem conserto.

Estreamos no dia 26 de junho, um dia depois da Holanda, que fazia parte da nossa chave e estreou com vitória de 4x0 contra a seleção Argentina. Vocês já imaginaram o pânico do torcedor brasileiro e da imprensa, que começou a falar da Holanda como falamos da Hungria de 1954 na Suíça? Cruyff era mais conhecido que qualquer outro jogador do mundial. Era o Puskas da época para o brasileiro. Aliás, é um defeito dos brasileiros supervalorizar jogadores de outros países em detrimento dos nossos.

Não sei por que temos esse tipo de complexo de inferioridade em determinadas circunstâncias. Nós somos um povo de torcedores facilmente influenciáveis pela opinião da mídia e pelo exagero de alguns companheiros da crônica ao fazer comparações. Afinal temos um grande futebol, somos o único país que participou de todas as Copas e nos assustamos facilmente. Uma vez é a Hungria, outra a Dinamarca – lembram-se da Dinamarca? –, outra vez a Holanda, enfim é uma síndrome negativa que a gente não consegue se livrar.

Eles ganharam de 4x0 da Argentina e nós fomos para Hannover jogar contra a Alemanha Oriental, que era uma potência esportiva emergente na Europa de 1974. No dia seguinte, Zagalo, fiel aos seus princípios, acertou a defesa com Leão, Zé Maria, Luís Pereira, Marinho Perez e Marinho Chagas. Carpegiani, Rivelino e Paulo Caju, um trio tecnicamente muito bom no meio de campo mas nosso ataque tinha Valdomiro, Dirceu e Jairzinho. Zagalo manteve Valdomiro que era um jogador voluntarioso mas fraco tecnicamente e inventou Jairzinho de centroavante. A impressão que tenho até hoje é que Zagalo esperava que Jairzinho, o "furacão" do México, quatro anos mais velho, jogasse e corresse igual ao futebol que ele jogara no México. E Dirceu, na óptica de Zagalo, era o "formiguinha das Alagoas" em nova versão.

Ganhamos pobremente de 1x0, gol de Rivelino, de falta,

1974 – O carrossel holandês

porque nosso ataque não conseguiu ganhar da marcação cerrada e dura dos alemães e com uma arbitragem à moda européia do galês Clive Thomas, que interpretava tranco, como tranco, bola dividida como bola dividida, em que invariavelmente levávamos a pior em função da diferença física dos atletas adversários. Ainda bem que a defesa era ótima e ganhamos.

Aí a Holanda ganha da Alemanha por 2x0 e nós vamos jogar com a Argentina, nossos eternos rivais. Ganhamos de 2x1. Depois desse jogo a maioria da crônica estava fechada no nome de Ademir da Guia, no auge da sua carreira e um dos maiores jogadores que eu vi jogar na minha longa carreira profissional. Paulo Caju estava em entendimentos, ou já tinha concluído negociações, para jogar pelo Olimpique de Marselha e nessa e na primeira partida se poupou definitivamente nas jogadas divididas.

Foi um jogador apático, preocupado com seu futuro, com medo de se contundir, enfim não jogou nada. A lógica seria a entrada de Ademir da Guia, que formaria, aí sim, um trio de meio de campo admirável com Paulo César Carpegiani e Rivelino. Nada. Zagalo manteve o mesmo time e o mesmo ataque. Mesmo assim empatamos de 1x1 no primeiro tempo com gol de Rivelino, e Jairzinho marcou o gol da vitória. Mais uma vez nossa defesa foi extraordinária e nosso ataque, Valdomiro, Dirceu e Jairzinho, patinou. Faltava o terceiro jogo. Nós já estávamos classificados mas era da maior importância esse jogo com a Holanda, em função do impacto psicológico de uma vitória brasileira. Sinceramente, na minha opinião, perdemos a Copa nesse jogo.

Tenho falado aqui que a psicologia em Copa do Mundo é um negócio muito sério. Uma vitória brasileira contra a poderosa e também favorita seleção da Holanda teria duas conseqüências básicas. Primeiro: abalaria os holandeses, que como os húngaros e como nós em 1950, estavam certos da sua superioridade. Segundo: Levantaria o moral do Brasil em condições de dar ao time confiança na vitória final. E daria ao torcedor e à imprensa a certeza de que estávamos no caminho certo.

Se antes, nas outras Copas, as notícias do Brasil levantavam ou baixavam o moral do time, imaginem vocês o que seria a vitória e a enxurrada de telefonemas que afogariam a seleção, no bom sentido, em busca da vitória final!

A Holanda jogava com um sistema chamado "carrossel" ou seja, um sistema em que, exceção de Krol, o time todo jogava sem posição definida. Ou seja, o atacante tanto podia defender como atacar. O defensor idem.

Jogava em velocidade e na saída de bola. Zagalo tinha três preparadores físicos de nomeada: Carlos Coutinho, Carlos Alberto Parreira e Raul Carlesso.

Tinha Antonio do Passo com uma pose e uma vaidade inconcebíveis para dirigente de uma comissão técnica e nenhum "olheiro". Mas acredito que a Holanda, mesmo assim, foi examinada cuidadosamente e deveriam ter adotado uma estratégia para vencer. Não sei se aconteceu. Mas não vi nada disso nessa partida.

Quando saiu o boato de que Mirandinha jogaria na seleção, tive oportunidade de parabenizar Zagalo. É verdade que ele não me conhecia. Ele era treinador no Rio de Janeiro e eu comentarista em São Paulo. Eu não andava na concentração. Não ia a treinos e por isso o técnico só sabia que eu era jornalista brasileiro e nada mais. Mas meus parabéns ao Zagalo foram precipitados. Eu pensava uma coisa e o técnico pensava outra. Vejam bem: O jogo da Holanda era simples. Quando o goleiro pegava a bola ou o zagueiro livre, todo o time holandês descia para o meio de campo. Era uma posição automática de jogo e é claro a subida da defesa imprensava o adversário no meio de campo para sua própria defesa. E o goleiro saía jogando para as laterais, direita ou esquerda, onde começava o contra-ataque holandês.

Na minha opinião o técnico teria de jogar com Ademir da Guia no lugar de Paulo Caju, que queria ir para a França e não jogar pelo Brasil, Jairzinho na ponta direita, no lugar de Valdomiro, e Mirandinha no comando do ataque.

Mirandinha era, na época, o mais veloz atacante brasilei-

1974 – O carrossel holandês

ro. Sua velocidade era lendária. Mas Zagalo convocou Mirandinha por ouvir dizer. Na realidade não conhecia as características do jogador. E na minha opinião, esse era o jogo para Mirandinha. Por quê? Porque no primeiro ou segundo pique de Mirandinha, do meio de campo, quando a defesa holandesa subia em bloco, desmancharia o "carrosssel" como um castelo de cartas. A nossa tática era simples. Quando ganhássemos a bola, em determinadas circunstâncias, o lançamento em profundidade para Mirandinha surpreenderia a defesa. Jairzinho na ponta com sua arrancada e Ademir superando com talento a saída de Paulo Caju daria outra consistência ao nosso ataque.

Não aconteceu nada disso. Quando já perdíamos de 2x0 é que Zagalo tirou Paulo Caju e lançou Mirandinha: Não dava mais tempo. A Holanda ganhou o jogo e até hoje, pela teimosia de Zagalo, perdemos a Copa.

Criamos com a Holanda outro fantasma. E por curiosa coincidência, os fantasmas húngaros e holandeses que criamos foram destruídos, ambos, pelos alemães, que não acreditam em fantasmas e nem em propaganda negativa.

O fato é que desmotivada pelas circunstâncias, que no meu entendimento já expliquei, jogamos pelo terceiro lugar contra a Polônia, em Munique, no dia 6 de julho e perdemos de 1x0. Nesse jogo o Ademir da Guia entrou e jogou com a mesma falta de entusiasmo do resto da equipe. Lato fez o gol da Polônia. Perdemos o terceiro lugar e tivemos um melancólico regresso para casa. Aqui em São Paulo, no programa Mesa Redonda da Gazeta, no qual participávamos, trouxemos o Zagalo, no auge da polêmica, para uma programação especial que realizamos no Supermercado Carrefour, que patrocinava a programação. Zagalo veio, recebeu cachê e respondeu algumas perguntas. Quanto a minha pergunta sobre Mirandinha e sua demora em colocá-lo em campo, o treinador apenas assegurou que a opção era manter o time que vinha jogando e ele não via como Mirandinha poderia desequilibrar o jogo.

O fato, e repito, é que Mirandinha foi convocado sem

Brasil em Copas do Mundo

que Zagalo visse realmente o jogador do São Paulo. Aliás Zagalo nunca foi de ver jogo, de assistir partidas. Para o treinador da seleção, basta vídeoteipe em casa e ocasionais partidas no Maracanã. E pronto. E com isso, diga-se de passagem, quer queiram ou não, é o técnico mais ganhador de Mundiais do Brasil. Daí a pergunta: Quem está certo? Nós ou ele?

Nossa comissão técnica e diretoria da delegação já contava com dezenove membros. Era época da ditadura, muito militar infiltrado na cúpula do esporte, enfim, tudo como mandava o figurino da época. A copa de 1974 foi outra amarga decepção, só suplantada, acredito, pelo fracasso de 1982, que nessa época não poderíamos prever mas que faz parte da história.

Brasil na Copa de 1974

GRUPO 2

Brasil 0 x 0 Iugoslávia
Data: 13/06/74
Local: Wald Stadion, em Frankfurt
Árbitro: Rudolf Scheurer (Suíça)
Público: 59.000 pagantes
Brasil: Leão, Nelinho, Luís Pereira, Marinho Perez, Marinho, Piazza, Rivelino, Paulo César Lima, Valdomiro, Jairzinho e Leivinha
Iugoslávia: Maric, Buljan, Katalinski, Bogicevic, Hadziabdic, Muzinic, Oblak, Acimovic, Petkovic, Surjak e Dzajic.

1974 – O carrossel holandês

Brasil 0 x 0 Escócia

Data: 18/06/74

Local: Wald Stadion, em Frankfurt

Árbitro: Arie van Gemert (Holanda)

Público: 62.000 pagantes

Brasil: Leão, Nelinho, Luís Pereira, Marinho Perez, Marinho, Piazza, Rivelino, Paulo César Lima, Jairzinho, Mirandinha e Leivinha (Paulo César Carpegiani)

Escócia: Harvey, Jardine, McGrain, Holton, Buchan, Bremner, Hay, Dalglish, Morgan, Jordan e Lorimer.

Brasil 3 x 0 Zaire

Data: 22/06/74

Local: Park Stadion

Árbitro: Nicolae Rainea (Romênia)

Público: 35.000 pagantes

Gols: Brasil: Jairzinho, Rivelino e Valdomiro

Brasil: Leão, Nelinho, Luís Pereira, Marinho Perez, Marinho, Piazza (Mirandinha), Rivelino, Paulo César Lima, Jairzinho, Leivinha (Valdomiro) e Edu

Zaire: Kazadi, Mwepu, Mukombo, Buhanga, Lobilo, Kibonge, Tshinabu (Uba Kembo), Mana, Ntumba, Kidumu (Kilasu) e Myanga.

Brasil Classificado

QUARTAS-DE-FINAL

Brasil 1 x 0 Alemanha Oriental
Data: 26/06/74
Local: Niedersachen Stadion, em Hannover
Árbitro: Clive Thomas (País de Gales)
Público: 58.463 pagantes
Gols: Brasil: Rivelino
Brasil: Leão, Zé Maria, Luís Pereira, Marinho Perez, Marinho, Paulo César Carpegiani, Rivelino, Paulo César Lima, Valdomiro, Jairzinho e Dirceu
Alemanha Oriental: Croy, Kische, Waetzlich, Lauck (Loewe), Bransch, Weise, Streich, Hamman (Irmscher), Sparwasser, Kurbjuweit e Hoffmann.

Brasil 2 x 1 Argentina
Data: 30/06/74
Local: Niedersachen Stadion
Árbitro: Vital Louraux (Bélgica)
Público: 38.000 pagantes
Gols: Brasil: Rivelino e Jairzinho
   Argentina: Brindisi
Brasil: Leão, Zé Maria, Luís Pereira, Marinho Perez, Marinho, Paulo César Carpegiani, Rivelino, Paulo César Lima, Valdomiro, Jairzinho e Dirceu
Argentina: Carnevalli, Glaria, Heredia, Bargas, Sá (Carrascosa), Brindisi, Squeo, Babington, Balbuena, Ayala e Kempes (Houseman).

1974 – O carrossel holandês

Holanda 2 x 0 Brasil
Data: 03/07/74
Local: Westfalen Stadion, em Dortmund
Árbitro: Kurt Tschencher (Alemanha Ocidental)
Público: 52.500 pagantes
Gols: **Holanda:** Neeskens e Cruyff
Holanda: Jongbloed, Suurbier, Krol, Haan, Rijsbergen, Neeskens (Israel), Van Hanegem, Jansen, Rep, Cruyff e Rensenbrink (De Jong)
Brasil: Leão, Zé Maria, Luís Pereira, Marinho Perez, Marinho, Paulo César Carpegiani, Rivelino, Paulo César Lima (Mirandinha), Valdomiro, Jairzinho e Dirceu.

Brasil Classificado (em 2º lugar)

DECISÃO DO 3º LUGAR

Polônia 1 x 0 Brasil
Data: 06/07/74
Local: Olympia Stadion, em Munique
Árbitro: Aurelio Angonese (Itália)
Público: 74.100 pagantes
Gol: **Polônia:** Lato
Polônia: Tomaszewski, Szymanowski, Zmuda, Gorgon, Musial, Kasperczak (Cmikiewicz), Deyna, Maszczyk, Lato, Szarmach (Kapka) e Gadocha
Brasil: Leão, Zé Maria, Alfredo, Marinho Perez, Marinho, Paulo César Carpegiani, Ademir da Guia (Mirandinha), Rivelino, Valdomiro, Jairzinho e Dirceu.

Brasil 4º lugar

Argentina 1978

Ano 1978
País Sede Argentina
Campeão Argentina
Público 1.541.518

Rádio Clube Pernambuco
Equipe:
Barbosa Filho
Roberto Queiroz
Jorge Soares
Alfredo Augusto Martinelli
Equipe da Rádio Guarany de B.H.

1978

Brasil, campeão moral

Tive uma reviravolta na vida. Ia muito bem na Rádio e Televisão Gazeta, formava uma dupla ótima com Peruzzi, nossa equipe crescia a olhos vistos na preferência popular. O Peruzzi contratou o Roberto Petri para coordenação da programação. Nosso "Disparada do Esporte" no horário das 11:30 às 14:00, era a coqueluche da cidade. Conseguimos estabelecer uma audiência espetacular, devido o tipo de apresentação do programa. Trabalhavam diariamente, fixos, Peruzzi, que comandava, José Italiano, GB e Dalmo Pessoa na fase mais importante dessa programação. O "Mesa Redonda" de segunda-feira, com o acréscimo de Flávio Iazetti, Peirão de Castro, Petri, Galvão Bueno e tantos outros, tinha cadeira cativa nas segundas-feiras com São Paulo inteiro. Só não fomos audiência nacional porque a TV Gazeta era uma televisão doméstica, mas muito boa.

Até hoje, não sei o que aconteceu. Mas Peruzzi trabalhou com a direção e, voltando das férias, eu estava fora da Rádio. Acredito que tudo foi uma questão de publicidade. Eu e o Peruzzi éramos os vendedores do futebol da Gazeta, e o Peruzzi – é uma opinião pessoal – não se conformava pelo fato de ser eu, e não ele, que tinha a conta do Supermercado do Matarazzo. No auge da questão, surgiu a discutida eleição do presidente da Federação Paulista. O Peruzzi e eu, de comum acordo, ficamos ao lado do presidente do Juventus, José Ferreira Pinto, apoiando a candidatura de José Metidieri de Sorocaba. Quase no fim da campanha, Peruzzi passou a apoiar Nabi Abi Chedid, na época homem forte do governo. Eu discordei, pois já tínhamos com a opinião pública uma posição de mudança. Acho que essas duas coisas pesaram na balança e o Peruzzi, que me contratara em Istambul na Turquia, quando sua equipe pretendia derrubá-lo da Gazeta, conseguiu minha demissão. Eu estava na Turquia com o Corinthians e o Peruzzi com o Palmeiras. Passei anos maravilhosos na Gazeta.

Saí da Gazeta e um ano depois quem saía era o Milton Peruzzi. Eu imediatamente fui recontratado, mesmo porque o grande público gostava do "comentarista nordestino", que torcia pelo Sampaio Correa, clube do Maranhão, minha terra, que eu popularizei em São Paulo. Minha volta, meses depois, coincidiu com uma proposta irrecusável para retornar ao Recife, numa crise muito grande no rádio de Pernambuco. Como a proposta era enorme e meus filhos na universidade precisavam de apoio, voltei ao Recife, não para a Rádio Jornal, de tantas e tamanhas recordações e sim para a Rádio Clube de Pernambuco, a fim de "brigar" pela audiência. Não tive alternativa. Regressei ao Recife.

Desculpem a falta de seqüência. Entre a minha saída da Gazeta e o retorno ao Recife, estive comandando o futebol da Rádio Novo Mundo, de um empresário que estava começando, chamado Paulo Abreu. O Paulo Abreu de 1976 é o mesmo Paulo Abreu de 1999, dono de doze emissoras de AM/FM em São Paulo e mais o seu canal de televisão, que será inaugurado em breve. Paulo Abreu é meu amigo até hoje. Amizade que muito prezo. Hoje dirijo o esporte da Rádio News, líder da rede CBS, do mesmo Paulo Abreu, que já é um dos grandes empresários do rádio brasileiro.

Bem, cheguei ao Recife e com novas idéias, modéstia a

1978 – Brasil, campeão moral

parte, mudei o rádio esportivo de Pernambuco. E fui mais longe: ao lado de Osvaldo Amorim, um capixaba que dirigia a Rádio Clube, começamos a trabalhar para que a Rádio Clube comandasse o Mundial da Argentina.

O Nordeste nunca transmitira uma Copa. Sempre entrava em Cadeia com emissoras do Rio e São Paulo.

Eu, em 54, 58 e 62, com a Cadeia Verde Amarela, fiz as poucas transmissões em Rede com a Bandeirantes e a Rádio Jornal do Comércio. Mas agora, a mentalidade teria de ser diferente. E foi. Como emissora associada, a Rádio Clube comprou os direitos da Copa, dividiu com a Rádio Guarany de Belo Horizonte, também associada, e fomos para a Copa, com uma Rede de emissoras do Nordeste e das Minas Gerais. A nossa participação nesta Copa foi possível graças a confiança de dois eminentes homens de Pernambuco: Elmo Cândido Carneiro e Aloísio Ferrer de Moraes, donos da Pitú, empresa, que sempre patrocinou os eventos que participei.

Esse exemplo foi seguido depois. Pernambuco, a partir dessa data, nunca mais teve suas emissoras em Rede secundária com estações do Rio e São Paulo. Diversas emissoras nordestinas, ao longo dos anos, conseguiram as verbas necessárias para transmitir isoladamente as Copas. Nomes como Rádio Sociedade de Salvador e Sociedade de Feira de Santana, Rádio Verdes Mares, Rádio Clube do Pará são emissoras que participam das Copas como emissoras importantes. E eu reivindico, também, na minha carreira esse pioneirismo.

Então fomos para a Copa de 1978. Zagalo, que frustrara nossas intenções na Alemanha na escalação do time perdeu o posto de técnico. Entrou Cláudio Coutinho com idéias e linguagens diferentes, mas, na minha opinião, fez a mesma coisa com a nossa seleção.

Quero deixar bem claro, para o amigo leitor e desportista, que eu não sou o "dono do mundo", ou seja, que se os técnicos tivessem feito o que eu penso que deveriam, teríamos ganho a Copa. Isso é uma pretensão "burra", porque se ganhássemos todas as Copas, elas já tinham acabado por falta de interesse.

O que eu quero deixar bem claro é que, em determinadas partidas, num torneio que classifica e desclassifica e que apenas sete partidas dão o título de campeão, um erro neste ou naquele jogo pode ser fatal para a continuidade da seleção na linha da vitória. Poderia até ter sido feita a substituição que eu achava que deveria ser feita e perdermos o jogo ou chegarmos à final ou semifinal e sermos derrotados por outro adversário.

A vantagem que eu tenho na crítica e espero que vocês concordem comigo, é que a seleção do Brasil é a ÚNICA QUE PARTICIPOU DE TODOS OS MUNDIAIS e por isso é previsível uma crítica sobre o comportamento técnico deste ou daquele jogador, deste ou daquele técnico, deste ou daquele time.

Muito bem. Lá estou eu, na Argentina, com a equipe de pernambucanos e mineiros, comandando a nossa Rede e longe da perspectiva de São Paulo, meu segundo hábitat profissional e portanto vendo e acompanhando a seleção como qualquer brasileiro, embora mais ativo no acompanhamento da convocação do nosso time.

A Argentina batalhou pela escolha do seu país. A aprovação foi em Londres, no Congresso de 1966, e os argentinos estavam em plena ditadura militar. O esforço era válido, politicamente falando, pois uma Copa na Argentina ajudaria o governo portenho a desenvolver o tipo de administração que eles pretendiam. Lembramos que a Itália, de Mussolini, fez força para patrocinar uma Copa. Hitler fez força para as Olimpíadas de Berlim, enfim há épocas em que o empenho de ditaduras ajuda o esporte e o futebol. A essa altura, subia a cotação do mundial. Na Guatemala, local do congresso da FIFA, cento e seis países inscritos. Era o trabalho de Havelange, que fortalecia a sua posição de comando na FIFA, trazendo mais países e mais votos. Havelange, com seu descortínio, tentou aumentar, já na Guatemala, a aprovação de vinte e quatro e não apenas dezesseis países. Não conseguiu.

O campeonato foi mantido com apenas dezesseis finalistas, fórmula que existia desde 1950.

1978 – Brasil, campeão moral

A esta altura temos de considerar a valorização do futebol. Os recursos eram maiores. Países de menor desenvoltura ganharam mais recursos financeiros. A televisão e a publicidade já estavam praticamente em toda parte e algumas surpresas aconteceram. Uma delas: A ausência da Inglaterra, da Rússia, da Iugoslávia e outros países importantes, batidos por forças emergentes do futebol. Na América do Sul surge uma grande "zebra".

A Bolívia elimina o Uruguai. E olha, a partir daí começou o declínio técnico do futebol uruguaio, o único país que não se beneficiou da evolução financeira do futebol. Dos cento e dois inscritos, dois não confirmaram o pedido na Guatemala. As eliminatórias tiveram a presença de cem países. Um negócio espetacular.

A essa altura vocês podem imaginar o dinheiro que estava correndo dos grandes anunciantes globalizados. Dinheiro para tudo e para todas as seleções. Jogadores a ganhar para usar chuteira, camisas, publicidade em toda parte, enfim a comercialização que dava ao futebol novas e diferentes características.

As eliminatórias na América do Sul tiveram dois turnos. No primeiro, o Brasil jogou contra Colômbia e Paraguai. Empatamos de 0x0 com a Colômbia em Bogotá – e eu fui roubado na rua por um desses batedores de carteiras, nunca vou esquecer Bogotá – e ganhamos de 6x0 no Rio. Jogamos com o Paraguai e vencemos em Asunción por 1x0 e empatamos no Brasil por 1x1.

Veio o segundo turno. Classificamo-nos contra a Bolívia e o Peru. Todos os jogos em Cali, na Colômbia. Ganhamos de 8x0 da Bolívia e de 1x0 do Peru. Como o Peru ganhou da Bolívia, entraram o Peru e o Brasil. Essas eliminatórias foram jogadas em fevereiro e março de 1977, a primeira fase, e em julho do mesmo ano a segunda fase.

A Argentina tinha preparado a Copa para ser campeã.

Não temos condições por exemplo de garantir que muita gente entrou no esquema portenho. Mas os fatos e coincidências são gritantes a favorecer de modo indireto a campanha dos argentinos.

Vejamos as coincidências que observamos:

a) Todas as delegações viajaram com deslocamentos para seus jogos. Menos a Argentina, que ficou permanentemente em Rosário, sem se deslocar.

b) O gramado de Mar del Plata, onde jogou o Brasil contra Suécia, Áustria e Espanha, tinha sido modificado e replantado para a Copa. Só que os trabalhos terminaram praticamente na semana de estréia do Mundial e o gramado, muito mole, sem fixar a grama, prejudicou todas as equipes, principalmente o Brasil, acostumado a gramados mais firmes e duros. Houve muita reclamação mas ficou nisso.

c) Nas oitavas-de-final os argentinos ganharam da Hungria por 2x1, com má arbitragem do português Antonio Garrido, com protestos gerais dos húngaros. Ganharam da França com um gol de pênalti por 2x1, tendo o árbitro suíço Jean Dubach deixado de marcar um pênalti clamoroso a favor dos franceses, que poderia determinar o empate nessa partida. Com a derrota para a Itália, a seleção Argentina não passaria das oitavas.

d) Manobrando o Comitê da FIFA, a Argentina conseguiu que sua partida em Rosário contra o Peru fosse efetuada depois do jogo do Brasil contra a Polônia no mesmo dia. Contra todas as regras, os argentinos jogaram sabendo do resultado do jogo Brasil-Polônia e que tinham a necessidade de marcar mais de cinco gols de diferença, senão se classificaria o Brasil.

e) O Peru, com um time acima da média em relação a outros mundiais, tinha marcado sete gols para se classificar e só tomado dois. Pois na partida contra a Argentina, tomou seis gols, número suficiente para a classificação dos argentinos. Depois descobriu-se que Quiroga, goleiro do Peru, era argentino naturalizado peruano. Foi o escândalo mais comentado do mundial e os peruanos, ao regressar ao seu país, foram recebidos a "pedradas" e vaias pela sua torcida. Os peruanos foram os primeiros a considerar, mesmo sem provas, que seus jogadores tinham entrado numa grande marmelada...

Portanto o esquema argentino funcionou e de um modo geral a seleção foi beneficiada, inclusive no jogo com o Brasil,

1978 – Brasil, campeão moral

quando empatamos de 0x0, e jogo que nos tirou da Copa, antes mesmo da marmelada Argentina-Peru.

Nós não fomos muito bem nas oitavas-de-final. Nossa equipe, comandada por Cláudio Coutinho, era uma equipe que podia ser considerada boa, com estrutura e condição técnica para vencer. Coutinho, que tinha sido membro das comissões de preparadores físicos de outros mundiais, era um homem sério e um estudioso das táticas do futebol. Morreu num trágico acidente de mergulho, praticando pesca submarina. Era respeitado. Criou nova terminologia para o futebol com seus *overlapings*, ponto futuro etc. Mas todos gostavam do técnico e sua competência. Um dos raros técnicos com paciência para atender a imprensa.

Mas como todo treinador brasileiro, ele tinha suas preferências. Uma delas era o jogador Edinho, atleta que Coutinho considerava com grande potencial e sempre ele encontrava um jeito de escalar o Edinho, que não tinha posição fixa. E para mim isso valeu, no erro de visão do treinador, a nossa saída da copa.

Começamos no dia 3 de junho de 1978, empatando com a Suécia, quando descobrimos as precárias qualidades do gramado. Um carrinho, um chute rasteiro, tudo levantava a grama, inteiramente solta e que prejudicava a movimentação dos jogadores. Os nossos e os suecos reclamaram.

Nosso ataque tinha Gil pela direita, Zico, Reinaldo e Rivelino. No meio de campo, Coutinho arranjou lugar para Edinho, que formava a dupla de primeiro combate com Batista, o gaúcho peso pesado, um jogador estilo Chicão, que sempre representou um esquema forte de marcação. Toninho Cerezo era o homem de apoio ao ataque pela sua mobilidade e técnica e por ser um jogador mais leve. Contra os suecos, pesadões e firmes na marcação e com uma diferença física muito grande, pouco poudemos realizar. Zico, apesar do seu grande talento, era baixo e fraco. Dirceu, que entrou no lugar de Cerezo, era baixo e fraco. Rivelino era um pouco mais alto mas franzino e nunca foi jogador de trombada. Resultado: nosso ataque pouco fez, frente à marcação firme dos suecos e a um gramado que não permitia a mobilidade do passe e da velocidade. Empatamos de 1x1, e olha que foi um bom resultado para nossa equipe. Outra coincidência: Nós ficamos confinados ao péssimo gramado de Mar del Plata nas oitavas, enquanto suecos, austríacos e espanhóis jogaram as suas partidas de classificação em Buenos Aires no estádio do Vélez.

No segundo jogo, dia sete, empatamos de 0x0 com a Espanha.

A mesma situação da estréia. Gramado ruim, o Brasil mantido nesse gramado, a Espanha com um futebol vistoso mas sem poder evoluir, enfim, empatamos de 0x0. E finalmente ganhamos dos austríacos, que vinham de duas vitórias contra Espanha e Suécia. Se não ganhássemos, estaríamos fora. Mas o fato é que Roberto Dinamite, que não jogara no primeiro e no segundo jogo, acabou entrando nesta partida, dizem até que por interferência do Alm. Heleno Nunes, fã do jogador. O fato é que Dinamite confirmou sua fama. Fez o gol que nos deu a vitória por 1x0. Nessa partida já havia críticas em função das alterações do treinador, que mostrava claramente sua indecisão. Edinho não jogou essa terceira partida, questionado pela sua escalação no meio de campo, quando todos sabiam que Edinho era quarto-zagueiro e como tal fora convocado. Depois houve algumas invenções do técnico, como a entrada de Nelinho no lugar de Gil no ataque e outras coisas parecidas. Afinal, o gol de Dinamite salvou o Brasil e nos preparamos para as quartas-de-final.

Caímos no grupo B, com Argentina, Peru e Polônia. Começamos contra o Peru e aí melhoramos, pois fomos deslocados para Mendoza. Saímos da beira-mar, para o interior com altitude. Mendoza fica na fronteira com o Chile e é uma cidade de altitude elevada. Afinal, se os demais países não nos conheciam, os argentinos sabiam que o perigo estava no confronto com a seleção brasileira, daí porque sofremos um pouco nessas mudanças. Com um gramado superior e mais tranqüilo, o Brasil jogou e ganhou do Peru por 3x0, dois gols de Dirceu e Zico de pênalti. Aliás, diga-se de passagem: Zico, com

1978 – Brasil, campeão moral

toda a sua grandeza de grande jogador, nunca teve sorte na seleção. Isso acontece. Nunca jogou à altura do seu grande futebol. Na Argentina foi um exemplo disso.

Além de Dinamite, quem apareceu na partida anterior e nesta foi Jorge Mendonça, este jogando um grande futebol. Não houve lugar para Edinho.

Desse jogo, nos deslocamos para Rosário, onde estava fixa a seleção Argentina para o jogo que seria decisivo, para nós e para eles. Era idéia fixa um fato: Quem ganhasse essa partida, levaria a Copa, mesmo porque, o nível técnico das demais seleções deixava a desejar.

O dia foi 18 de junho de 1978. Quase quarenta mil pagantes. Na véspera, à noite, quase não dormiu a seleção pelo barulho permanente da torcida, nas ruas junto ao hotel, sem interferência proibitiva da polícia. Era para mostrar aos jogadores o clima do jogo.

Foi, na minha opinião, a melhor partida da seleção.

Empatamos de 0x0, mas tivemos uma dose de azar inexplicável. Jogamos e os argentinos estavam visivelmente nervosos e cautelosos. Predominamos em campo e tivemos azar numa jogada excepcional: Não me recordo se foi Jorge Mendonça ou Chicão. O fato é que tivemos a maior chance de marcar nos pés do ponteiro Gil. Uma bola lançada nas costas da defesa argentina, Gil entrou sozinho, livre, pronto para marcar e na saída de Fillol, o goleiro conseguiu defender na precipitação do atacante, que poderia ter driblado Fillol e com calma marcar o gol. A defesa de Fillol e a falha de Gil abalaram, mas não comprometeram nosso ritmo de jogo. Aí, acontece, nosso azar: O lateral Rodrigues Neto se contunde. Azar do Brasil. Nosso erro: A substituição empreendida por Coutinho: Ele desloca Toninho da zaga direita, onde ele marcava muito bem o jogador Ortiz, e pasmem, manda Edinho entrar para a lateral direita. Ou seja, o técnico tinha de colocar Edinho, em quem ele confiava. Resultado: Na primeira bola pela esquerda do ataque argentino, Edinho foi driblado por Ortiz e quase sai o gol da Argentina. Com essa dupla alteração, Coutinho quebrou a nossa unidade defensiva e o time brasileiro recuou, perdeu a sua iniciativa de ataque, comprometeu o meio de campo e deu fôlego para a Argentina equilibrar a partida e acabar segurando o 0x0.

Digo isso hoje, como disse na época, por um fato: O nosso zagueiro reserva era Nelinho, do Cruzeiro, dono de um chute poderoso como cobrador de falta e um jogador que jogara pelo Cruzeiro nos jogos da Libertadores, era respeitado e temido pelos torcedores e jogadores daquele país. A entrada de Nelinho, na sua posição de lateral direito e não a improvisada entrada de Edinho, teria melhorado o Brasil e quem sabe, preocupado ainda mais a seleção argentina. Na minha opinião, esse erro sacrificou o nosso time e ao empatarmos de 0x0, praticamente selamos nossa sorte, se levarmos em conta a série de "coincidências" que os argentinos prepararam para ganhar este mundial.

Com a vitória argentina contra a Polônia por 2x0 e a nossa contra o Peru por 3x0, estávamos igualados. Faltaria portanto a definição de classificação. Veio o jogo Argentina e Peru e Brasil e Polônia. Tudo no mesmo dia, mas não na mesma hora.

Alegando problemas de televisão, para mandar a imagem para o mundo, já que a televisão em cores na Argentina foi inaugurada no mundial, e com grandes manobras de bastidores, a FIFA concordou em marcar os jogos em horários diferentes. A classificação seria pela diferença de gols e o Brasil jogou e ganhou da Polônia por 3x1, com gols de Nelinho, que jogou essa partida na sua posição de lateral e marcou. Vejam bem: Marcou um gol. Poderia ter marcado ou melhorado nosso gabarito na partida anterior contra a Argentina. Não houve improvisação na esquerda com a contusão de Rodrigues Neto. Entrou Amaral ao lado de Oscar e Toninho ficou na esquerda. Roberto Dinamite marcou dois gols. Lato, que estava encerrando sua brilhante carreira na seleção da Polônia e que marcara o gol da vitória do seu país contra o Brasil na Alemanha, voltou a marcar o seu gol novamente contra Leão.

Os argentinos precisavam, com os 3x1 do Brasil, de marcar um mínimo de cinco gols e não tomar nenhum. Mas nós brasileiros, ingenuamente, incluindo-me nessa ingenuidade, a

1978 – Brasil, campeão moral

comissão técnica e a delegação brasileira, achamos que estava no papo a nossa passagem para a decisão do título. Afinal, em toda sua campanha no mundial o Peru só tinha tomado dois gols e não se acreditava em milagres da ofensiva argentina. Pois bem, o "milagre" aconteceu: Quiroga, argentino naturalizado, tomou seis gols e não foi substituído pelo técnico, permanecendo no gol os dois tempos.

A Argentina ganhou de 6x0 e o escândalo rebentou de tal maneira, que o sentimento do povo peruano, na época, foi de profunda humilhação, porque todos entenderam que algo de estranho tinha acontecido... A Argentina provou, dentro da melhor escola sul-americana, que não se ganha apenas dentro de campo. Jogo se ganha dentro e fora...

Jogamos finalmente contra a Itália, aí disputando o terceiro lugar e ganhamos de 2x1, jogo este no estádio do River, que teve os mesmos problemas de grama que Mar del Plata. Novamente Nelinho, vejam vocês o homem que fez falta contra a Argentina, marcou um e Dirceu o outro. Nessa partida, Zico não jogou. Grande atuação de Jorge Mendonça, Nelinho, Batista e Toninho Cerezzo.

A final deu Argentina x Holanda. Cruyff, a grande estrela dessa geração de craques que colocou a Holanda como potência mundial, não veio à Argentina. Recusou-se a jogar pelo seu país e recusou-se a viajar para a América do Sul. Até hoje eu penso que Cruyff achava que a América do Sul era terra de índios, tinha cobra nas ruas de Buenos Aires e, na sua ignorância de europeu sem cultura global, ficou com medo de viajar.

A Holanda tinha os gêmeos Willy e Rene van der Kerkhof, o veterano zagueiro Krol, o atacante Neeskens, famoso após a Copa no futebol europeu e o ponteiro Rensenbrink. Era uma seleção poderosa e respeitada. Mas não era uma seleção brasileira. Ou seja: Se a Argentina decidisse o título contra o Brasil, ela poderia ganhar como poderia perder.

Uma questão de respeito mútuo, como aconteceu no jogo em Rosário. Contra a Holanda ou qualquer outro adversário, a visão Argentina era diferente.

Contra qualquer outro time do mundo, os argentinos não tinham receio nenhum, sua preocupação era não decidir com o Brasil, o único futebol que eles respeitam.

E foi o que aconteceu.

O jogo foi duro e difícil. Fillol, que salvara a Argentina nos pés de Gil, continuou magnífico. Praticou defesas impressionantes, enfim, foi uma barreira. Além disso, o juiz italiano Sergio Gonella invertia muitas faltas a favor da Argentina. Não estou afirmando isso para ser agradável. É que o Gonella dava a impressão de estar também no esquema. Segurou o jogo noventa minutos. Mas assim mesmo foi uma grande partida. Kempes, grande atacante argentino fez 1x0. Primeiro tempo 1x0. O estádio do River, com quase oitenta mil, parecia o Maracanã de 1950. Com um detalhe: o torcedor argentino canta o jogo todo o hino dos seus clubes e canções patrióticas. E isso se ouvia no estádio inteiro. Um negócio inesquecível.

Vem o segundo tempo e, apesar de Ubaldo Fillol defender quase tudo, a Holanda empata com um gol de cabeça de Poortvliet. Silêncio.

Silêncio que se prolongou até o último minuto, quando o goleiro Fillol, batido na jogada, teve a sorte do chute de Rensenbrink bater na trave e não entrar no gol, que daria o mundial aos holandeses. Seria um drama igual ao Maracanã. Ainda nessa época tinha prorrogação de trinta minutos. E nessa prorrogação, botando a alma pela boca, a Argentina marcou dois gols, Bertoni e Kempes liqüidam a fatura. A Argentina ganha de 3x1 e consegue seu primeiro título de campeã mundial.

1978 — Brasil, campeão moral

Brasil na Copa de 1978

GRUPO 3

Brasil 1 x 1 Suécia
Data: 03/06/78
Local: Mar del Plata
Árbitro: Clive Thomas (País de Gales)
Público: 32.569 pagantes
Gols: Brasil: Reinaldo
Suécia: Sjoberg
Brasil: Leão, Toninho, Oscar, Amaral, Edinho, Batista, Toninho Cerezo (Dirceu), Zico, Gil (Nelinho), Reinaldo e Rivelino
Suécia: Hellstroem, Borg, Roy Andersson, Nordqvist, Erlandsson, Tapper, Lennart Larsson (Edstrom), Linderoth, Bo Larsson, Sjoberg e Wendt.

Brasil 0 x 0 Espanha
Data: 07/06/78
Local: Mar del Plata
Árbitro: Sergio Gonella (Itália)
Público: 34.771 pagantes
Brasil: Leão, Nelinho (Gil), Oscar, Amaral, Edinho, Batista, Toninho Cerezo, Dirceu, Zico (Jorge Mendonça), Reinaldo e Toninho
Espanha: Miguel Angel, Marcelino, Migueli (Biosca), Olmo, Uria (Guzman), San José, Leal, Asensi, Juanito, Santillana e Cardeñosa.

Brasil em Copas do Mundo

Brasil 1 x 0 Áustria
Data: 11/06/78
Local: Mar del Plata
Árbitro: Robert Wurtz (França)
Público: 35.221 pagantes
Gol: Brasil: Roberto Dinamite
Brasil: Leão, Toninho, Oscar, Amaral, Rodrigues Neto, Batista, Toninho Cerezo (Chicão), Dirceu, Jorge Mendonça (Zico), Gil, Roberto Dinamite
Áustria: Koncilia, Sara, Obermayer, Breitenberger, Pezzey, Hickersberger (Weber), Prohaska, Krankl, Kreuz, Jara e Krieger (Happich).

Brasil Classificado

QUARTAS-DE-FINAL

Peru 0 x 3 Brasil
Data: 14/06/78
Local: Mendoza
Árbitro: Nicolae Rainea (Romênia)
Público: 31.278 pagantes
Gols: Brasil: Dirceu (2) e Zico (pênalti)
Brasil: Leão, Toninho, Oscar, Amaral, Rodrigues Neto, Batista, Toninho Cerezo (Chicão), Dirceu, Gil (Zico), Jorge Mendonça e Roberto Dinamite
Peru: Quiroga, Manzo, Duarte, Chumpitaz, Diaz (Navarro), Velásquez, Cueto, Cubillas, Muñante, La Rosa e Oblitas (Percy Rojas).

1978 – Brasil, campeão moral

Argentina 0 x 0 Brasil
Data: 18/06/78
Local: Rosário
Árbitro: Karoly Palotai (Hungria)
Público: 37.326 pagantes
Argentina: Fillol, Olguin, Galván, Passarella, Tarantini, Ardiles (Villa), Gallego, Ortiz (Beto Alonso), Luque, Daniel Bertoni e Kempes
Brasil: Leão, Toninho, Oscar, Amaral, Rodrigues Neto (Edinho), Batista, Chicão, Dirceu, Jorge Mendoça (Zico), Gil e Roberto Dinamite.

Brasil Classificado (em 2º lugar)

DECISÃO DO 3º LUGAR

Brasil 2 x 1 Itália
Data: 24/06/78
Local: Estádio Monumental do River Plate, em Buenos Aires
Árbitro: Abraham Klein (Israel)
Público: 69.659 pagantes
Gols: Brasil: Nelinho e Dirceu
 Itália: Causio
Brasil: Leão, Nelinho, Oscar, Amaral, Rodrigues Neto, Batista, Toninho Cerezo (Rivelino), Dirceu, Jorge Mendonça, Gil (Reinaldo) e Roberto Dinamite
Itália: Dino Zoff, Gentile, Cuccureddu, Scirea, Cabrini, Maldera, Causio, Paolo Rossi, Antognoni (Claudio Sala), Patrizio Sala e Bettega.

Brasil 3º lugar

Espanha 1982

Ano 1982
País Sede **Espanha**
Campeão **Itália**
Público 2.064.364

Rádio Clube de Pernambuco
Rede Brasileira dos Esportes
Barbosa Filho
Alexandre Ferrer de Moraes
Roberto Queiroz
Ralph de Carvalho
Jorge Soares
Alfredo Augusto Martinelli
Tony Gel – Rádio Liberdade Caruaru
Herbert Fontenelle – Rádio Mirante de São Luís, MA
Foguinho – Rádio Vale Cariri – CE
Júlio Sales – Rádio Uirapuru – CE
Difusora Alagoas
Ariovaldo Maia
Antônio Torres
Valmary Vilella
Marco Aurélio – Rádio Sociedade da Bahia
Rodolfo Sestrem e Pedro Lopes – Rádio Blumenau de S.C.

1982

Brasil, o olé que faltou

A Copa de 1982, de todas as Copa do Mundo, foi a que eu mais senti não ganhar. Acredito que milhões de brasileiros, como eu, têm até hoje esse sentimento, pois o time brasileiro, o futebol que jogamos e a sensação de que estávamos no caminho certo para uma grande conquista foram fatores de grande frustração para os brasileiros em geral e para mim, como comentarista em particular.

Os espanhóis tiveram dezoito anos para se preparar para o mundial no seu país, uma vez que a indicação da Espanha fora conseguida no Congresso de Tóquio em 1962. Naquele tempo não se escolhia o local da próxima Copa e sim duas ou três indicações ficavam determinadas num só Congresso. Tudo mudou com os interesses financeiros de hoje. É evidente que os indicadores financeiros são importantes para definições como onde jogar, como jogar e de que maneira. Por exemplo, para a Espanha, depois de uma luta de alguns anos o pioneirismo e o descortino de João Havelange prevaleceu, mesmo porque com a entrada de novos países na FIFA, essas filiações começaram a render frutos de ordem política ao presidente, não só nas suas reeleições consecutivas mas principalmente pela sua liderança, absolutamente extraordinária. O fato é que para a Espanha não seriam mais dezesseis e sim vinte e quatro países no turno final.

Estava longe o ano de 1950, quando apenas trinta e três países se inscreveram. Ao longo dos anos, esse número não parou de crescer. Trinta e sete em 1954, cinqüenta e três em 1958, cinqüenta e seis em 1962, setenta em 1966, setenta e três em 1970, setenta e quatro em 1974, cem em 1978 e agora cento e nove em 1982.

O descortino de Havelange abriu para o mundo a Copa como um todo e ela, somente ela, é que aumentou a força da FIFA e seu controle do futebol. E logicamente atrás disso veio o aumento da comercialização para todos, não só para a FIFA. Afinal de contas a televisão passou a ter cobertura mundial e começaram a ser contadas às dezenas de milhões as pessoas que assistiam a Copa e essa massa humana receberia a publicidade globalizada nessa época em fase de cristalização da sua própria importância. Não vamos debater esse problema, pois a publicidade e a economia mundial do futebol merece um estudo à parte, que ainda não foi feito.

Eu continuava no Recife, exercendo na época uma grande liderança no Nordeste, não só porque a minha emissora inaugurava 100 kilowatts, como a nossa façanha de comandar uma Copa independente do Rio e São Paulo nos tinha dado uma posição de prestígio no meio radiofônico. De modo que não foi difícil realizar o mesmo esquema para a Espanha. Compramos a Copa, associados aos companheiros da Rádio Sociedade da Bahia e lá fomos nós com uma grande rede do Nordeste para torcer pelo Brasil na Copa da Espanha. A cadeia incluía a Rádio Difusora de Alagoas, Rádio Uirapuru de Fortaleza, Rádio Mirante de São Luís, Rádio Liberdade de Caruaru, e mais de cem emissoras de cidades do interior do Nordeste.

Por mais incrível que pareça, tivemos sustos na fase de classificação sob a direção de Telê Santana. Só ganhamos de 1x0 da Venezuela, jogo efetuado no estádio pequeno da Universidade de Caracas e ganhamos de 2x1 da Bolívia em La Paz, com grande dificuldade também.

1982 – Brasil, o olé que faltou

Mas como as duas partidas finais eram no Brasil, garantimos com 3x1 contra a Bolívia no Rio e de 5x0 contra a Venezuela em Goiânia a nossa classificação.

Não havia surpresa de uma grande seleção despontar como sensação. A própria Holanda, vice-campeã na Argentina, fora desclassificada na sua chave. A grande geração de Cruyff, Krol, Rep, Neeskens etc. estava desaparecendo e a renovação holandesa não estava bem. Na sua chave classificaram-se franceses e belgas. Nossa chave nos trouxe como adversários as seleções da Rússia, Escócia e Nova Zelândia, integrante novo do esquema de vinte e quatro países da FIFA com algumas seleções africanas como Camarões e Argélia, que chegaram para disputar a Copa.

Estreamos no dia 14 de junho em Sevilha – a bela Sevilha – contra a seleção russa e conseguimos ganhar de 2x0. O nosso Valdir Perez tomou um gol do meio da rua e isso assustou a todos nós. Nessa partida, que eu me recorde, tivemos a primeira ajuda da arbitragem.

O juiz Augusto Castilho teve alguns enganos que nos favoreceram, principalmente quando nossa defesa falhou, já que Leandro, Oscar, Luizinho e Júnior não se entenderam bem nessa partida. Fizemos dois gols bonitos, um de Sócrates e outro de Éder e suspiramos aliviados. Veio o segundo jogo contra os alegres e divertidos escoceses. A gente sempre ganha da Escócia em mundiais e não deu outra. Desta vez, arrumamos a casa. Cerezo e Falcão se entenderam lindamente no meio de campo e ganhamos: 4x1 o resultado final. Uma vitória bonita e tranquila, o Brasil começando a jogar um futebol bonito, vistoso e elegante. Zico, Oscar escorando escanteio de cabeça, Éder e Falcão marcaram para o Brasil nessa bonita vitória. Contra a Nova Zelândia, esforçados jogadores mas com pouca técnica, ganhamos de 4x0, poderíamos ter ganho de mais, jogamos como se estivéssemos treinando e fizemos uma exibição de alta qualidade. Zico com dois gols, Falcão e Serginho marcaram para a nossa seleção.

Nessa altura, a seleção estava praticamente definida. Apesar da entrada do Paulo Isidoro, Serginho se firmava como titular e Éder era o dono da ponta esquerda; o meio de campo com Cerezo e Falcão jogava um futebol de altíssima qualidade. A partir desse terceiro jogo, já éramos considerados virtuais vencedores da Copa. Não pelos brasileiros e sim pelos espanhóis.

Muitas vezes, quando entrávamos em restaurante com a credencial de imprensa à vista éramos cumprimentados pelo futebol do Brasil. Isso também nos deixou meio "mascarados" e evidentemente convictos também de que nenhuma seleção tinha condições de nos superar dentro de campo.

Na segunda fase da Copa, caímos numa chave com Itália e Argentina. A coisa estava tão boa que nem a Argentina chegou a preocupar.

Apesar das questões entre jornalistas e dirigentes da seleção na concentração, o que acontece em todas as Copas, o clima assim mesmo era melhor que das vezes anteriores. Apesar de continuar existindo aquela história que o dirigente, o técnico, no caso Telê Santana, e os jogadores gostavam de ouvir só elogios, mesmo assim a situação estava sob controle e a atmosfera de expectativa favorável à nossa campanha era muito grande.

Jogamos no dia 2 de julho contra a Argentina. Ganhamos de 3x1. Jogamos em Barcelona, não no estádio do Barcelona e sim no estádio do Espanhol, o RCD, e fizemos 3x1 com Zico, Serginho e Júnior. Zico estava realizando na Espanha a sua melhor campanha como jogador do Brasil. Falcão e Cerezo continuavam mandando no meio de campo e isso dava uma tranqüilidade tática e técnica extraordinária para nossa equipe. No outro jogo, era o decisivo, contra a Itália, que tinha vencido a Argentina por 2x1 e nos daria o passaporte para a final.

Não esperávamos perder para a Itália. O nosso time estava ótimo.

Como em 1950, a seleção jogava também pelo empate. Até hoje duas coisas eu acho que aconteceram na concentração do Brasil antes dessa partida.

Primeiro: Os jogadores estavam tão confiantes no seu futebol e era realmente para confiar, que só havia um pensamento: o da vitória contra qualquer adversário.

Segundo: Não estou garantindo mas acredito que a co-

1982 – Brasil, o olé que faltou

missão técnica da seleção não alertou os jogadores para o fato de que o empate nos classificaria. E olha que a comissão técnica tinha muita gente boa. Valdir de Moraes, como preparador de goleiros, Vavá, que fora campeão do mundo em 1958, Gilberto Tim e Moracy Santana, como preparadores físicos, enfim um monte de gente com experiência além do próprio Telê.

Não posso garantir que não houve essa conversa, mas acredito, pelos fatos subseqüentes, que não houve esse alerta.

Veja como o futebol é estranho. Já falei que em 1950 os uruguaios chegaram à Copa classificados sem jogar, pela desistência de Equador e Venezuela. Já falamos da Argentina com seus misteriosos 6x0 contra o Peru em 78. Na Espanha, a Itália empatou os três jogos de classificação. Assim: 0x0 contra a Polônia, 1x1 contra o Peru e 1x1 contra Camarões. Ou seja, a Itália se classificou com três empates, dois gols a favor e dois contra.

A briga entre a imprensa italiana e a comissão técnica parecia com aquelas que acontecem sempre com a seleção brasileira. Lá o negócio era mais violento porque o futebol italiano é muito rico e não admitia uma campanha desse tipo. Portanto, esse jogo era fatídico. Como vencemos os argentinos por 3x1 e a Itália marcara sua única vitória, também contra a Argentina, por 2x1, o empate nos classificaria.

Portanto, não entramos desta vez subestimando a seleção da Itália, apesar da sua fraca campanha. Afinal, a experiência e a categoria da Itália eram muito grande. Mas entramos confiantes na vitória. O estádio era o mesmo do Espanhol de Barcelona, com quarenta e quatro mil pagantes. O time o mesmo, jogando um bom futebol. Começa o jogo e aos cinco minutos Paolo Rossi marca Itália 1x0. Surpresa mas não intranqüilidade da nossa parte. Foi uma falha defensiva que não poderia acontecer. Aos doze minutos, Sócrates empata. Aos vinte e cinco minutos, ao dominar a bola na nossa intermediária e acostumado a ter Falcão ao seu lado, sem olhar Cerezo dá um passe lateral com a bola dominada. Não avançou, como era seu costume para o ataque. Não sei se ele achou o ataque marcado, se deveria fazer uma tabela com Falcão. Ninguém sabe. O que se sabe é que o passe foi interceptado por Paolo Rossi, que escapou sozinho, não tinha ninguém atrás, porque o time estava avançando depois do empate para marcar o segundo gol. Sei lá, o fato é que Rossi escapou, Valdir Perez saiu e o italiano marcou 2x1. Aí todo mundo no estádio se assustou de verdade.

A partir desse segundo gol, a Itália se fechou na defesa. Não recuou, fechou-se na defesa, com sua tática do líbero, Scirea e com Cabrini, Antognoni e Oriali a fechar o meio de campo. Começamos a sentir dificuldade e viramos o primeiro tempo perdendo de 2x1.

Veio o segundo tempo. O jogo começou a ficar cauteloso, tanto da parte do Brasil, como da parte da Itália. Mesmo assim lentamente foi prevalecendo a técnica brasileira e aos sessenta e oito minutos, sem nenhuma outra grande jogada. Falcão marca um gol antológico, empatando a partida.

Foi aí que aconteceu o que, na minha opinião de comentarista, nos fez perder o jogo. Como um só homem, o Brasil foi à frente para marcar o terceiro gol. Parece que o time, pela sua qualidade de futebol, não admitia o empate ou não sabia que o empate nos classificava. Esse é o segredo básico dessa partida. O fato é que nos abrimos para o ataque e ficamos vulneráveis aos contra-ataques dos italianos. O gol deles, marcado aos vinte e nove minutos do segundo tempo, foi também um lance de infelicidade do qual se culpa muito Oscar e nada a Sócrates. Nesse lance, recuado, Sócrates estava marcando Paolo Rossi. A bola levantada na área seria cabeceada como foi de fato por Oscar. Se o zagueiro estivesse livre, tudo bem, mas Sócrates, na ânsia de ajudar e sem perceber a colocação de Oscar, abandonou a marcação de Rossi e recuou para cabecear a bola também. Dois no ar, a bola foi mal cabeceada por Oscar e caiu nos pés de Rossi que estava livre nas costas dos dois. A bola foi aos pés do italiano que entrou na área e marcou.

Pouca gente falou de Sócrates; todos falaram de Oscar e muitos de Júnior, que segundo esse grupo de cronistas deveria ter avançado para colocar Rossi em impedimento. Discordo. A jogada de Rossi foi pela direita da nossa defesa e Júnior estava

1982 – Brasil, o olé que faltou

pelo lado esquerdo da grande área. O problema foi a má cabeceada de Oscar atrapalhado por Sócrates e a sorte dos italianos de marcar o gol por intermédio de Paolo Rossi, que foi convocado para a seleção sofrendo acusações tremendas de corrupção na Itália etc.

Nos quinze minutos finais a "cera" italiana, a malandragem foi enorme e não conseguimos ganhar. Perdemos uma Copa que não deveríamos perder. Nosso time estava entrosado, jogava um futebol brilhante mas não conseguimos. Por isso que é muito importante o técnico ser competente e ter sorte, ter estrela, ter inspiração. Com Coutinho, perdemos, com Telê perdemos. Exceção de Parreira, que ganhou uma Copa cobrando pênaltis. Zagalo, com sua teimosia ou não, é o grande vencedor do futebol brasileiro.

Brasil na Copa de 1982

GRUPO 6

Brasil 2 x 1 União Soviética
Data: 14/06/82
Local: Estádio Sanchez Pizjuan, em Sevilha
Árbitro: Augusto Lamo Castilho (Espanha)
  Auxiliares (Espanha): Carrion e Arminio
Público: 68.000 pagantes
Gols: Brasil: Sócrates aos 75', e Éder aos 88'
  URSS: Bal aos 34'
Brasil: Valdir Perez, Leandro, Oscar, Luizinho, Júnior, Falcão, Sócrates, Zico, Dirceu (Paulo Isidoro), Serginho e Éder
URSS: Dasaev, Sulakvelidze, Chivadze, Baltacha, Demianenko, Bessonov, Bal, Gravilov (Susloparov), Daraselia, Shengelia (Andreev) e Blokhin.

Brasil em Copas do Mundo

Brasil 4 x 1 Escócia

Data: 18/06/82

Local: Estádio Benito Villamarin, em Sevilha

Árbitro: Luís Siles (Costa Rica) Auxiliares: Tam Sung (Hong Kong) e Prokop (Alemanha Oriental)

Público: 47.379 pagantes

Gols: Brasil: Zico aos 33', Oscar aos 48', Éder aos 63' e Falcão aos 87'

Escócia: Narey aos 18'

Brasil: Valdir Perez, Leandro, Oscar, Luizinho, Júnior, Cerezo, Falcão, Sócrates, Zico, Serginho (Paulo Isidoro) e Éder

Escócia: Rough, Narey, Miller, Hansen, Gray, Souness, Strachan (Dalglish), Hartford (McLeish), Wark, Archibald e Robertson.

Brasil 4 x 0 Nova Zelândia

Data: 23/06/82

Local: Estádio Benito Villamarin, em Sevilha

Árbitro: Damar Matovinovic (Iugoslávia) Auxiliares: Corver (Holanda) e Klein (Israel)

Público: 43.000 pagantes

Gols: Brasil: Zico aos 28'e aos 31', Falcão aos 64' e Serginho aos 70'

Brasil: Valdir Perez, Leandro, Oscar (Edevaldo), Luizinho, Júnior, Cerezo, Falcão, Sócrates, Zico, Serginho (Paulo Isidoro) e Éder

Nova Zelândia: Van Hattum, Dods, Herbert, Almond, Elrick, Boath, Sumner, McKay, Cresswell (Turner), Ruffer (Cole) e Wooddin.

Brasil Classificado

1982 Brasil, o olé que faltou

QUARTAS-DE-FINAL

Argentina 1 x 3 Brasil
Data: 02/07/82
Local: Estádio RCD do Español, em Barcelona
Árbitro: Mario Rubio Vasquez (México).
    Auxiliares: Castro (Chile) e Aristizábal (Colômbia).
Público: 44.000 Pagantes
Gols: Argentina: Diaz aos 89'
    Brasil: Zico aos 11', Serginho aos 66' e Junior aos 75'
Brasil: Valdir Perez, Leandro (Edevaldo), Oscar, Luizinho, Júnior, Cerezo, Falcão, Sócrates, Zico (Batista), Serginho e Éder
Argentina: Fillol, Olguin, Galvan, Passarella, Tarantini, Barbas, Ardiles, Calderon, Bertoni (Santamaria), Maradona e Kempes (Diaz).

Itália 3 x 2 Brasil
Data: 05/07/82
Local: Estádio RCD do Español, em Barcelona
Árbitro: Abrham Klein (Israel). Auxiliares: Tam Sung (Hong Kong) e Dotschev (Bulgária)
Público: 44.000 pagantes
Gols: Itália: Rossi aos 5', aos 25' e aos 74'
    Brasil: Sócrates aos 12' e Falcão aos 68'.
Itália: Zoff, Gentile, Scirea, Collovati (Bergomi), Cabrini, Antognoni, Oriali, Tardelli (Marini), Conti, Paolo Rossi e Graziani
Brasil: Valdir Perez, Leandro, Oscar, Luizinho, Júnior, Cerezo, Falcão, Sócrates, Zico, Serginho (Paulo Isidoro) e Éder.

Brasil desclassificado

México 1986

Ano 1986
País Sede México
Campeão Argentina
Público 2.402.951

Rádio Clube de Pernambuco
Rede Brasileira dos Esportes
Barbosa Filho
Ralph de Carvalho
Adilson Couto
Jaime Cisneiros
Jorge Soares
Alfredo Augusto Martinelli

1986

Por que ficamos em quinto

Quando terminou o mundial de 1986, jogado no México, eu me lembrava dos árbitros brasileiros que apitaram a final, quase como prêmio de consolação para o Brasil, já que nossos juízes apitaram porque estávamos fora da decisão. No final de 1982, na Espanha, apitou Arnaldo César Coelho a partida Alemanha x Holanda e Romualdo Arppi Filho apitou a final entre Argentina e Alemanha. Portanto os alemães chegaram a duas finais consecutivas e não venceram. Do meu amigo Arnaldo César Coelho fiquei muito orgulhoso com sua indicação, pois no começo da sua carreira, trazendo o Belenenses de Portugal ao Brasil eu o levei, por indicação própria, para Brasília, onde ele apitou o seu primeiro jogo internacional: Belenenses e Palmeiras, vencido pelo clube paulista.

Foi a última Copa que eu fiz, na minha longa permanência pela segunda vez em Pernambuco e na Rádio Clube e com a Rede Clube e com Rede de Rádio do Nordeste. Nessa época, emissoras como a Rádio Sociedade da Bahia e a Sociedade de Feira de Santana, seguindo o exemplo de Pernambuco, compraram os direitos e transmitiram diretamente a Copa. Uma

Copa que deveria ser jogada na Colômbia, que ganhou o direito de patrocinar o mundial e que por uma série de razões e fatores, acabou desistindo a favor do México. Acho, não tenho certeza, mas posso presumir pela nossa experiência, que a Colômbia não recebeu apoio do governo para gastar alguns milhões de dólares nos estádios e na infra-estrutura para a imprensa e para os países, vinte e quatro novamente dentro da nova versão da FIFA, no que tange ao atendimento que deveria ser feito. Nesse negócio de milhões entraram a FIFA e o México, dono novamente dos direitos de televisão com o famoso grupo Ascarraga. Aliás no México, onde só tinha um partido político, só tinha a Rede do Ascarraga e mais uma outra rede. A televisão mexicana, que já era uma potência, mais uma vez movimentou a Copa.

E outra novidade: a China aderiu ao futebol e o grande mercado chinês recebeu também as imagens da televisão. Dentro daquele negócio de muito dinheiro e da globalização do futebol, a Copa do Mundo mantinha sua grande liderança de um dos maiores negócios financeiros do planeta.

Antes de chegar ao México, cuja infra-estrutura vinha do seu último mundial, a desistência da Colômbia despertou o interesse de outros países como Canadá, Estados Unidos e até o Brasil. Desses, os Estados Unidos já possuíam uma infra-estrutura montada. O Brasil precisava de dinheiro, mas o presidente Figueiredo disse não e por isso o negócio acabou mesmo com os mexicanos que já esperavam ganhar a parada.

Inscreveram-se 119 países e a FIFA trouxe para a fase de classificação todos os continentes. A tese vitoriosa do presidente Jean Marie Godefroy de Havelange de unir o mundo em torno da bandeira da FIFA era plenamente vitoriosa. Homenageando Sir Stanley Rous, com mais de noventa anos no México, a reeleição de Havelange foi tranqüila, como seriam todas até sua desistência final. Afinal, politicamente a Concacaf, a Confederação Sul-Americana, os países asiáticos, africanos e a Oceania votariam sem dúvida no presidente da FIFA, o mesmo que conseguira atraí-los pela promoção do mundial. Para-

1986 – Por que ficamos em quinto

lelamente a esse mundial, criaram-se outros entre as categorias de dezoito e vinte e dois anos e alguns países sem condições de sediar o mundial sênior ganharam o direito e a honra de patrocinar os mundiais juniores e isso também politicamente foi um golpe de mestre...

Como participariam vinte e quatro e não dezesseis países na nova configuração do mundial, o regulamento também sofreu outra alteração. Para definir jogos manteve-se a prorrogação e determinou-se a cobrança de tiros livres da marca de pênalti em caso de empate e com a definição de que só valeria o primeiro chute, ou seja, se o goleiro defendesse, já não valeria o retorno da bola como lance. Daí a polêmica gerada na incrível falta de sorte do goleiro Carlos e da nossa eliminação contra a França. A bola bateu na trave, bateu em Carlos e entrou. Para grande parte da imprensa não deveria valer o gol. A FIFA não atendeu o protesto brasileiro e, pensando bem, depois de tantos anos, o árbitro dessa partida estava com a razão, o desconhecido Ioan Igna, que depois de consultar seus auxiliares, o húngaro Nemeth e o tcheco Christov, deu o gol. Afinal, a regra diz que a trave é neutra. Ao bater na trave e bater no goleiro, valeu a batida do goleiro, pois a trave, como é neutra, não contava. A interpretação do árbitro baseou-se na lei do pênalti, ou seja, se o cobrador da infração penal cobra e a bola bate na trave, ele não pode chutar novamente, já que se configuraria o segundo toque na bola, sem bater ou ter a participação de qualquer jogador, inclusive adversário.

Já se o goleiro defende, o retorno da bola permite a intervenção do próprio cobrador, que, se marcar o gol, é válido.

Nas eliminatórias, jogamos contra Bolívia e Paraguai. Uma chave que não daria, como não deu problemas ao nosso time. Embora facilitando as coisas, tivemos duas vitórias e dois empates, o que bastou para entrarmos no mundial.

Ganhamos da Bolívia, em Santa Cruz de la Sierra por 2x0, empatamos em São Paulo de 1x1, vencemos o Paraguai em Assuncion por 2x0 e empatamos no Rio de Janeiro por 1x1.

Esses resultados, embora tranqüilos, não animaram muito o torcedor. Apesar da promoção da mídia, altamente patrocinada e da visível predominância da televisão na motivação, nossa seleção viajou para o México e para a cidade de Guadalajara de tão gratas recordações, como se fosse fazer um passeio e não disputar uma Copa. Com essa história de que somos os melhores do mundo, temos entrado pelo "cano" diversas vezes. Os empates contra Bolívia e Paraguai, por exemplo, são exemplos flagrantes dessa filosofia de que somos imbatíveis. Vencemos, repito, com tranqüilidade mas não deveríamos ter empatado esses jogos.

Repetimos Telê Santana. Aliás sua campanha na Espanha permanecia viva na memória de todos e sua competência e carisma idem. Tínhamos novamente dois preparadores físicos. A dupla paulista José Maria Marin e Nabi Chedid no comando da seleção. Nabi era o vice-presidente da CBF e essa seleção tinha a sua inspiração como dirigente. O diretor de futebol era o catarinense Pedro Lopes, que na Copa da Espanha integrara a minha equipe de Rádio como representante de uma emissora de Blumenau, que entrou conosco na Clube de Pernambuco na Rede da Copa e que vencera depois as eleições para presidente da Federação de Santa Catarina. Neylor Lasmar era o médico, juntamente com Ricardo Vivacque, homens de confiança de Telê Santana. O que eu acho é que essa delegação, apesar da importância de um Marin, que tinha sido governador do Estado de São Paulo, Nabi, Pedro Lopes etc., não tinha experiência internacional definida e com isso se perdeu um pouco no comando político da nossa delegação. Na influência com os jogadores idem. Os velhos tempos em que o Dr. Paulo Machado de Carvalho conversava com a comissão técnica tinham passado. Agora a coisa era mais profissionalizada e mais independente e eu considero esse fato muito importante quando se trata de um mundial.

Importante, principalmente no lado negativo, já que a velha confusão de excesso de jornalistas e a busca desenfreada de notícias, principalmente as notícias de "fofocas" e outras são, até hoje, mais importante para uma grande parte de jorna-

1986 – Por que ficamos em quinto

listas do que a honesta, crítica objetiva, cobertura dos fatos e coisas do futebol. Houve até escândalo e boatos de que gente ligada à delegação estava vendendo os ingressos que eram destinados à direção da delegação brasileira. Isso, sem dúvida, atrapalhou o espírito e a tranqüilidade de todos. Infelizmente isso nunca mudou.

Como na Espanha, esse mundial teve duas etapas. A primeira, eliminatória, sobrando oito seleções e classificando-se dezesseis para a seqüência final do campeonato. Ficamos no grupo "D", com Irlanda do Norte, Argélia e Espanha. No dia 1º de junho, data do meu aniversário, fui premiado com uma vitória do Brasil: 1x0. O gol de Sócrates, então o líder da nossa seleção pelo seu carisma e pelas suas posições de protesto político etc. e tal. Jogador muito inteligente.

O goleiro era Carlos. Tínhamos Júlio César de zagueiro central, Edinho na sua verdadeira posição de quarto zagueiro, tínhamos Elzo, uma escolha pessoal de Telê, que dividiu a imprensa, Alemão, Careca, Casagrande, que hoje é comentarista de futebol pela televisão, e Muller como atrações importantes do nosso time.

No segundo jogo, contra a Argélia, voltamos a ganhar de 1x0.

Gol de Careca no segundo tempo. O de Sócrates, no primeiro jogo contra a Espanha, também foi no segundo tempo. A seleção começou a perder prestígio junto ao torcedor, que virou novamente a "casaca" quando vencemos de 3x0 a Irlanda do Norte. Careca (2) e Josimar do Botafogo, que marcou um gol histórico pela lateral direita, foram os autores. Louve-se a fidelidade da torcida e do povo de Guadalajara. Voltamos a bater recorde de público.

Primeiro jogo, quase trinta e seis mil pagantes; no segundo jogo, quarenta e oito mil; e no terceiro, acima de cinqüenta mil. Essa cidade e esse povo merecem sempre o maior carinho dos brasileiros. Verdadeiramente eles amam o Brasil.

Classificados, entramos para as oitavas-de-final. Pelo novo regulamento, a primeira fase é classificatória. O mundial começa a valer nas oitavas, quando sobram dezesseis países. A primeira fase é política, agrada países que estão na festa e os patrocinadores pela audiência global. O time já estava mais preparado, tínhamos jogado três vezes e o entrosamento entre Alemão, Sócrates e Elzo melhorou muito e abriu maiores perspectivas em torno de qualidade ofensiva. Resultado: estreamos nas oitavas, dia 16 de junho em Guadalajara e ganhamos da Polônia por 4x0.

Descontamos aquela derrota na Alemanha com juros e correção monetária. Dois gols de pênalti, um de Sócrates e outro de Careca, Josimar e Edinho completaram.

O próximo compromisso, teoricamente, parecia fácil: França. Aliás, em todas as vezes que jogamos contra a França achamos que eles não manjam nada de futebol e isso favorece sempre o adversário. Tínhamos vencido na Suécia em 1958, com Kopa, Fontaine e companhia e achávamos fácil. Não foi. A França manteve uma marcação impecável sobre Sócrates e Alemão e estrangulou o setor de criação do nosso time e conseguiu segurar o empate em 1x1.

Permita-me abrir um espaço no meio do comentário desse jogo para um fato. Zico contundiu-se no Brasil com gravidade e estabeleceu-se uma grande polêmica entre a crônica paulista e do resto do Brasil, se deveria ou não ser levado Zico para o México a se recuperar dessa contusão para prestar serviço à seleção. De princípio, a justificativa era que Zico estaria em condições de jogar imediatamente, pois o tempo de treinamento, chegada ao México etc. seria suficiente. Não foi.

Zico só entrou no jogo contra a Irlanda do Norte, assim mesmo substituindo a Sócrates, mais para mostrar que ele se estava recuperando e que seria útil na etapa final e decisiva, ao contrário do que certa parte da crônica esportiva afiançava sobre a falta de condição física do atleta.

No jogo contra a Polônia repetiu-se a manobra. Zico substituiu a Sócrates, que sentia a esta altura intensa dores nas costas que atrapalhavam também o seu futebol. Chegamos pois ao jogo da França.

1986 – Por que ficamos em quinto

Nesse jogo, faltou realmente inspiração ao nosso time. Estávamos lentos, jogávamos quase que mecanicamente, estabelecendo determinadas posições em campo que não correspondiam à realidade do futebol brasileiro. A França tinha em Battiston, seu zagueiro, no médio Tiganá, o homem que marcava Sócrates, Platini e Rocheteau seus melhores jogadores. Platini na época era o grande nome da Europa e o grande nome da seleção francesa, assim como Puskas foi o grande nome mundial na Copa de 1954 pelos húngaros e Cruyff o grande nome da Holanda no mundial da Alemanha. Empatamos de 1x1, partimos para a prorrogação.

Eu esperava e, como eu, todos os brasileiros, que a seleção nos trinta minutos de prorrogação liqüidasse a partida. Afinal, no empate de noventa minutos, tivemos a entrada de Zico, substituindo a Müller e logo na sua entrada em campo, sofreu um pênalti, que se bem cobrado daria a nossa classificação. A impressão que tive da nossa posição de comentarista é que cometemos um grande erro. Zico, além de contundido e não totalmente recuperado, embora grande cobrador de pênalti, tinha acabado de entrar e estava frio, totalmente frio na partida. Sua indicação para a cobrança do pênalti, essa é a minha impressão, posso até estar errado, partiu de Sócrates. Praticamente como uma homenagem da seleção ao jogador que estava voltando e que era um grande cobrador. Resultado: Zico cobrou, com um chutinho de segunda categoria, escolhendo o canto e praticamente mostrando onde iria chutar. O goleiro francês, chamado Bats, de pequena estatura para goleiro, quase que do tamanho do próprio Zico, conseguiu defender o pênalti e segurou o empate.

Nos trinta minutos de prorrogação, nada a declarar. Nervosos os vinte e dois jogadores se limitaram a defender seu espaço, ninguém se aventurou a coisa nenhuma e o Brasil manteve a apatia que vinha mantendo ao longo do jogo. Resultado: fomos para os pênaltis.

Acho que Sócrates nunca deveria ter cobrado aquele pênalti. Zico, já por dentro do jogo, cobrou o seu e marcou. Mas

Sócrates estava visivelmente cansado, com dores nas costas e terminara os cento e vinte minutos sem condições físicas. Foi cobrar o pênalti e fê-lo com a mesma displicência de Zico no tempo regulamentar ou então sem a força necessária para rolar a bola. Bats defendeu e nos desclassificou. O próprio Platini, tão cansado como Sócrates e nas mesmas condições físicas, também cobrou e errou, mas aí já estávamos fora da Copa.

O mesmo Bats, que fora o herói dos pênaltis, falhou nos gols que deram à Alemanha a vitória contra a França e o direito de disputar o título. Os franceses perderam de 2x0 para os alemães e na seqüência na disputa do terceiro lugar ganharam da Bélgica na prorrogação por 2x0, depois de empatar em 2x2 e tiveram a melhor posição na história dos mundiais.

Não houve repercussão negativa no Brasil pela nossa derrota. O torcedor acreditava relativamente no sucesso dessa equipe e ela demonstrou claramente que não estava em condições de lutar realmente pelo título.

Foi uma passagem tranqüila do Brasil, uma derrota com a infelicidade de Carlos, que já explicamos, e pela deficiência de Sócrates na cobrança dos pênaltis, que mais uma vez nos derrotaram. Aliás, na minha óptica, alguns detalhes, ao longo das Copas, derrotaram o Brasil, conforme já expliquei em capítulos anteriores. O que precisa ficar bem claro, todavia, é que não acho que deveríamos ter ganho todas as Copas e que os erros que eu vi, comentei e escrevo no momento significam, como já disse, uma posição pessoal de um comentarista com muita vivência do futebol e, modéstia a parte, com grande poder de observação, o que me permitiu sobreviver com sucesso nesses cinqüenta anos de atividade.

Nesse mundial, para não perder o hábito, a nossa mídia descobriu virtudes extraordinárias no futebol da Dinamarca. Da noite para o dia, a Dinamarca virou moda. Vencedores do Campeonato da Copa de Seleções, o futebol dinamarquês passou a ser considerado de primeiríssima qualidade.

E olhem, a Dinamarca entrou na Copa como convidada, pois houve desistência de uma das seleções e a Dinamarca, que

1986 – Por que ficamos em quinto

tinha sido desclassificada, entrou e ganhou. Pois para nós brasileiros, parte da crônica, o futebol da Dinamarca passou a ser a atração para o título como tinham sido húngaros e recentemente os holandeses. Só que no México, a despedida da Dinamarca foi melancólica:

Perdeu para a Espanha por 5x1.

O jogo semifinal da Argentina com a Inglaterra teve um desfecho incomum. O gol da vitória foi marcado com a mão pelo jogador Maradona, então sensação da Copa e que o árbitro Ali Bennaceur, da Tunísia, não viu e confirmou, apesar do protesto dos ingleses. O bandeirinha Benny Ulloa, da Costa Rica, deu uma mãozinha e o árbitro validou o tento. Maradona, com dois gols, um de mão, classificou a Argentina para a final contra a Alemanha. Nessa partida, justiça se faça, a Argentina esteve impecável. Maradona, muito marcado, jogou menos mas taticamente foi inteligente. Sofrendo a marcação severa, Maradona recuou, plantou-se no meio de campo, deu algumas arrancadas para o gol mas abriu espaços para Valdano e Burruchaga pela esquerda. Resultado: a Argentina ganhou de 3x2 com um dos gols marcado pelo zagueiro Brown de cabeça, num escanteio.

Ficamos em quinto lugar neste mundial. Não merecíamos mais.

Brasil na Copa de 1986

GRUPO D

Brasil 1 x 0 Espanha
Data: 01/06/86
Local: Estádio Jalisco, em Guadalajara
Árbitro: Cristopher Bambridge (Austrália)
Público: 35.748 pagantes
Gol: Brasil: Sócrates aos 62'
Brasil: Carlos, Édson, Júlio César, Edinho e Branco, Elzo, Júnior (Falcão), Alemão e Sócrates, Careca e Casagrande (Müller)
Espanha: Zubizarreta, Thomaz, Maceda, Goicoechea, Camacho, Vitor Muñoz, Francisco Lopez (Señor), Michel Gonzalez e Julio Alberto, Butragueño e Salinas.

Brasil 1 x 0 Argélia
Data: 06/06/86
Local: Estádio Jalisco, em Guadalajara
Árbitro: Romulo Méndez Molina (Guatemala)
Público: 48.000 pagantes
Gol: Brasil: Careca aos 66'
Brasil: Carlos, Édson (Falcão), Júlio César, Edinho e Branco, Elzo, Júnior, Alemão e Sócrates, Careca e Casagrande (Müller).
Argélia: Drid, Medjaji, Megharia, Guendouz, Mansouri, Kaci Said, Ben Mabrouk e Assad (Bensaoula), Belluomi (Zidane), Madjer e Menad.

1986 – Por que ficamos em quinto

Brasil: 3 x 0 Irlanda do Norte
Data: 12/06/86
Local: Estádio Jalisco, em Guadalajara
Árbitro: Siegfried Kirschen (Alemanha)
Público: 51.000 pagantes
Gols: Brasil: Careca aos 15', aos 87'e Josimar aos 42'
Brasil: Carlos, Josimar, Júlio César, Edinho e Branco, Elzo, Júnior, Sócrates (Zico) e Alemão, Müller (Casagrande) e Careca
Irlanda do Norte: Jennings, Nichol, O'Neill, McDonald e Donaghy, Campbell (Armstrong), McCreewy e McIlroy, Clarcke, Whiteside (Hamilton) E Stewart.

Brasil Classificado

OITAVAS-DE-FINAL

Brasil 4 x 0 Polônia
Data: 16/06/86
Local: Estádio Jalisco, em Guadalajara
Árbitro: Volker Roth (Alemanha). Auxiliares: Alan Snoody (Irlanda) e Antonio R. Marques (México)
Público: 45.000 pagantes
Gols: Brasil: Sócrates aos 30' (pênalti), Josimar aos 55', Edinho aos 79' e Careca aos 83' (pênalti)
Brasil: Carlos, Josimar, Julio César, Edinho e Branco, Elzo, Júnior, Alemão e Sócrates (Zico), Careca e Müller (depois Silas)
Polônia: Mlynarczyk, Ostrowski, Wojciki e Majewski, Kazimierz (Furtok), Ryszard, Urban (Zmuda), Karas, Smolarek, Boniek e Dariusz.

Brasil Classificado

QUARTAS-DE-FINAL

Brasil 1 x 1 França
Data: 21/06/86
Local: Estádio Jalisco, em Guadalajara
Árbitro: Ioan Igna (Romênia). Auxiliares: Lajos Nemeth (Hungria) e Vojtek Chistov (Tchecoslováquia)
Público: 65.000 pagantes
Gols: Brasil: Careca aos 17'
  França: Platini aos 40'
Brasil: Carlos, Josimar, Júlio César, Edinho e Branco, Elzo, Júnior (Silas), Alemão e Sócrates, Careca e Müller (Zico)
França: Bats, Amoros, Battiston, Bossis e Tusseau, Fernandez, Giresse (Ferreri) e Tiganá, Platini, Rocheteau (Bellone) e Stopyra.

Brasil desclassificado

Itália 1990

Ano 1990
País Sede Itália
Campeão Alemanha
Público 2.517.348

Rádio Tupi de São Paulo
Rede Brasileira de Esportes
Barbosa Filho
Edemar Anuzeck
Hélio Claudino
Capitão Hidalgo
Carlos Ribeiro
Herbert Fontenelle – Rádio Mirante – MA
Foguinho – Rádio Vale Cariri – CE
Wilton Bezerra – Rádio Cidade – CE
Mário Freitas – Rádio Excelsior – BA
Lavínio Oliveira – Rádio Excelsior – BA
Rosildo Portela – Rádio Atalaia – PR

1990

A epopéia de Lazaroni

A Copa de 1990, disputada na Itália, marcou a minha última presença no Recife e na Rádio Clube. Ao organizar novamente a Rede para a Itália, na fase de preparação para as eliminatórias, a seleção brasileira vivia uma crise de confiança como há muito não acontecia.

A CBF tinha escolhido Sebastião Lazaroni para treinador da seleção, com a influência do dirigente Eurico Miranda do Vasco e homem muito ligado, na época, ao presidente da CBF Ricardo Teixeira. A discussão entre a imprensa e a comissão técnica da seleção era o sistema de jogo de Lazaroni, absolutamente defensivo e que diminuía a capacidade ofensiva e o futebol sempre alegre dos brasileiros. Dentro de uma perspectiva profissional absoluta, Lazaroni persistiu na sua técnica, no seu sistema de jogo e as partidas preparatórias do Brasil não convenceram a imprensa e o público.

Tenho dito neste livro e volto a dizer: A imprensa pode, em alguns momentos, extrapolar a sua posição crítica. Mas a falta de diálogo entre a mídia, editores de jornais, rádio e televisão e o inexistente setor de imprensa da CBF, que nunca se profissionalizou para acompanhar a evolução da comunicação no esporte, sempre criou obstáculos intransponíveis. Ademais, repito, o dirigente que lê a crítica não pára, sequer, para fazer uma análise do que está sendo criticado.

Se todos os técnicos que passaram pela seleção brasileira e suas respectivas comissões técnicas tivessem em alguma oportunidade, no auge de uma polêmica em torno da seleção brasileira, parado para analisar algumas críticas, acho que muita coisa poderia ser consertada nas nossas diversas equipes em diversos mundiais. Mas não, a comissão técnica e a CBF se transformam em inimigos da imprensa. A começar pelos próprios técnicos, por entender que eles estão certos e acima das críticas e que nós da imprensa somos analfabetos em matéria esportiva. Depois, esses mesmos técnicos e profissionais, incluindo jogadores, são contratados pelas emissoras de televisão como comentaristas e passam a criticar os seus companheiros pelos mesmos erros que eles, quando dirigentes, também cometeram. Durma-se com um barulho desses...

Como dizia, em Salvador a seleção foi vaiada, quase agredida, ameaçaram tocar fogo na bandeira brasileira, enfim uma várzea.

O segundo jogo seria no Recife. Comandando a Rádio Clube, iniciei uma campanha de reabilitação da seleção entre os pernambucanos, enveredando pela tese do patriotismo e pela esperança do Brasil ser campeão. Entrei em contato com a Prefeitura do Recife e unimos a Rádio Clube e a Secretaria de Turismo, que prometeu inclusive enviar ao aeroporto, na chegada da seleção, a Orquestra de Frevo de Pernambuco. Conclamamos o povo a ir ao aeroporto e comparecer ao estádio. Mantive contato com o Banco Banorte, grande potência financeira e Banco genuinamente pernambucano e consegui com os diretores daquela organização que a gráfica do Banco imprimisse vinte mil panfletos com a letra do Hino Nacional, para distribuição na porta do estádio e daí por diante. Na seqüência, o resto da imprensa também, cada um a sua maneira, iniciou movimentos de apoio e desagravo à seleção

1990 – A epopéia de Lazaroni

em função do acontecido em Salvador. A velha rivalidade continuava rendendo frutos.

Foi o que viu. Jogamos, vencemos o Equador, nosso adversário, enchemos o estádio do Arruda com oitenta mil pessoas, cantamos o Hino Nacional e demos uma eufórica recepção nunca recebida pela seleção de Lazaroni.

Após a partida, e eu faço questão de falar desse fato, estava em minha residência quando fui chamado pelo presidente do Santa Cruz, em cuja casa se efetuava um jantar em homenagem ao presidente Teixeira e esposa.

O clima era de euforia total e o presidente do Santa Cruz, que não me convidara para o jantar e a nenhum jornalista pernambucano ou de outra parte do país, fez um apelo para minha presença, pois o presidente Ricardo Teixeira só jantaria, isso foi muito simpático da sua parte, com a minha presença.

Convém esclarecer que, quando candidato à presidência da CBF, eu particularmente e a Rádio Clube, com sua inegável influência no Nordeste, fomos francamente favoráveis à sua candidatura e trabalhamos muito por ela. De modo que já éramos conhecidos. Repetia-se, na época de Teixeira, o mesmo fenômeno da eleição de Silvio Pacheco, com Havelange de vice, quando foi derrubada a antiga oligarquia da CBD, presidida naqueles tempos por Rivadavia Correa Méier. Coisas da vida: Assim como articulara a candidatura de Havelange, então candidato a vice, anos depois fizemos o mesmo pelo genro. Muito bem, lá fui para a residência do presidente do Santa Cruz, onde fui recebido, abraçado etc. pelo êxito da nossa promoção. Nessa noite, Ricardo Teixeira prometeu solenemente que, enquanto ele fosse presidente da CBF, como sinal de gratidão a Pernambuco, todas as vezes que a seleção fosse campeã mundial, primeiro pouso do avião trazendo a seleção seria no Recife. E ele cumpriu sua palavra.

Em dado momento, nesse jantar, Ricardo Teixeira me levou particularmente à borda da piscina da casa do presidente e a sós perguntou a minha opinião sobre o que ele deveria fazer com Lazaroni. Não que minha opinião influenciasse o presidente. Longe de mim tal pretensão. Mas eu achava que o presidente estava procurando consenso e minha posição, era, naquele momento e naquele lugar, uma opção simples de pergunta. Minha resposta: Aproveitar a euforia e dispensar o treinador da seleção pela crise de confiança existente entre o técnico, a imprensa, o público e seu estilo tático de jogo, que ele não mudaria de jeito nenhum. O presidente Teixeira perguntou qual nome eu indicaria à seleção. Eu falei dois nomes: Leão e Carlos Alberto Silva, com preferência para o segundo pela sua experiência. Carlos Alberto Silva tinha sido treinador da seleção no torneio do bicentenário da Austrália onde ganhamos, inclusive da seleção da Arábia Saudita, treinada por Parreira, e quase o título das Olimpíadas da Coréia, título que perdemos no jogo contra a Rússia. O próprio nome de Parreira foi lembrado nessa conversa, mas eu aleguei que Parreira estava fora do Brasil há muito tempo e curto seria o período que ele teria para convocar, treinar e conhecer os atuais jogadores.

O fato é que voltando ao Rio e influenciado pelo seu *staff*, que diga-se de passagem, era e continua péssimo, o presidente manteve Lazaroni. Conheço o presidente Ricardo Teixeira. Nunca mais nos falamos depois dessa conversa e acho que ele é um bom presidente. O que acaba com o presidente em determinadas circunstâncias são seus conselheiros. Alguns são péssimos e muitas vezes o presidente erra acreditando no seu *staff* e isso já atrapalhou a sua gestão. O fato é que, em plena Copa do Mundo, em Roma, no Hotel Excelsior, encontrei-me com o presidente e naquela época as relações entre Ricardo Teixeira e Lazaroni, em pleno campeonato, eram tensas a ponto de não se falarem. O que prova que eu estava certo no Recife...

Terminadas as eliminatórias, voltei a São Paulo antes do mundial e assumi a direção de esportes da Rádio Tupi, do meu amigo Paulo Abreu, um dos mais jovens, dinâmico e brilhante dirigente de rádio.

Hoje com menos de cinqüenta anos, Paulo Abreu é um empresário de quase doze emissoras de rádio, AM e FM no

1990 – A epopéia de Lazaroni

grande Estado de São Paulo. Naquela época, portanto, assumi como empresário a parte esportiva da Tupi e com ela dirigi a Copa de 1990 na Itália com a Rede de Rádio mais ampliada. Tínhamos uma equipe de gabarito de grandes profissionais e fizemos uma cobertura magnífica.

Pena que o Brasil não chegou lá.

:: A Itália

A partir de 1980, a Copa do Mundo começou a mudar a sua fisionomia doméstica para se transformar num evento mais sofisticado. Temos de reconhecer o fato da televisão ter transformado o campeonato numa festa mundial. Não só o volume de patrocínio ligado à Copa se transformou num grande negócio como não se poderia efetuar uma competição desse tamanho sem a ativa e definitiva participação da televisão. A Copa da Itália em 1990 passaria a ser a abertura para os mundiais modernos. Novamente mais de cem países inscritos. A motivação ocasionada pela promoção forte e firme da televisão a partir das eliminatórias conferia ao torneio da FIFA, reiniciado após a guerra em 1950 com trinta e três países inscritos e algumas desistências, numa união de todos os continentes, de todos os povos, de todas as culturas, numa festa de confraternização universal. Até hoje, com suas desavenças e suas confusões, os políticos não conseguiram unir o mundo. O futebol consegue como símbolo da fraternidade coletiva. Devemos isso à televisão, à linguagem sem fronteiras da imagem e sua facilidade de chegar aos lares.

Outro fenômeno que comecei a discernir a partir da Itália é que o rádio, veículo de comunicação moderna e eficiente estava perdendo sua corrida junto à mídia publicitária e a sua importância como comunicação global. Ao contrário da televisão, que forma suas redes via satélite em nível mundial o rádio não conseguiu se libertar da sua posição regional e doméstica. Digo isso, embora seja sempre um profissional de Rádio. Passei pela TV Bandeirantes e Gazeta, nunca fui comentarista efetivo na televisão, porque teria vida curta, onde o comentarista tende a ter de criticar o jogo em termos, o patrocínio é caríssimo e este veículo de comunicação vive de audiência. No Rádio ainda se fala o que se sente.

A força da televisão reside na imagem. Com ela, em todas as línguas, todos podem contar a história do futebol. No Rádio, como é falado, a linguagem fica sendo uma linguagem circunscrita àquele país. E com isso o Rádio começou a sua lenta agonia. A partir de 1990, todos os países do mundo começaram a diminuir a presença do Rádio nos mundiais de futebol. E agora, praticamente só a Colômbia e a Argentina ainda vão ao mundial ao lado do Brasil, cuja presença é ainda forte. Somos o único país a levar uma média de quinze a dezesseis emissoras de Rádio, mesmo porque esse combate não é das emissoras e sim da bravura e do esforço de companheiros de todos os Estados que lutam para que o rádio compareça às competições.

Assim pois o campeonato de 1990 marcou o princípio do fim do Rádio com força de publicidade e de divulgação dos mundiais. Mesmo assim, em termos estritamente brasileiros, o Rádio ainda apresentou força na cobertura da competição e da seleção do Brasil.

O sistema de vinte e quatro países foi mantido, com as eliminatórias marcando a primeira fase do campeonato para definir os dezesseis classificados finais.

Nossa classificação foi complicada. Não difícil, tecnicamente, mas complicada pelo clima existente com a seleção chilena em relação às suas partidas com a nossa seleção. Caímos numa chave com Venezuela e Chile.

É evidente, como até hoje, que a Venezuela não seria adversária.

Aliás a Venezuela é o único país sul-americano onde o

1990 – A epopéia de Lazaroni

futebol não é o esporte mais popular. Seu profissionalismo é incipiente mas temos de registrar o esforço venezuelano em competir. Esse é o seu grande mérito.

Vencemos a Venezuela por 4x0 e 6x0 nos dois jogos realizados.

O Chile venceu a Venezuela por 3x1 e mais tarde em Buenos Aires por 5x0. Ao empatar com o Brasil por 1x1 no dia 13 de agosto de 1989, os chilenos começaram a sonhar com sua classificação, ganhando do Brasil.

Afinal o jogo ficou sendo decisivo para os dois países, em função da igualdade de pontos. Para que se possa ter uma idéia, a partida em Santiago transcorreu num clima de "guerra". O público se comportou pessimamente, a arbitragem do colombiano Jesus Diaz Palácios foi horrível, permitindo a violência e a deslealdade e as coisas foram tão violentas que a FIFA interditou o estádio Nacional de Santiago para jogos oficiais patrocinados pela entidade.

Nesse clima, no dia 3 de setembro de 1989 tivemos a partida contra o Chile. O jogo não acabou. Uma torcedora atirou um rojão no campo, o goleiro Rojas, chileno que jogava no São Paulo, fingiu ser atingido pelo rojão, saiu de maca, o time chileno retirou-se de campo e o caso foi parar na FIFA. Lá ficou comprovado que a segurança do Maracanã era perfeita. O fato isolado do rojão acabou sendo uma desculpa perfeita para o Chile tentar ganhar o jogo por penalidades impostas ao Brasil, sendo que Rojas não tinha sido atingido e dessa maneira a FIFA puniu o Chile a não participar dos dois próximos mundiais. Acabaram com a carreira de Rojas por conduta antidesportiva e deram a vitória ao Brasil por 2x0.

O fato é que o desespero chileno se devia ao fato de sua impossibilidade técnica de nos vencer. Já estávamos ganhando de 1x0 gol de Careca e de qualquer maneira eliminaríamos a equipe andina, com ou sem rojão...

Nessa década a ser iniciada em 1990 os mundiais de futebol eram tão importantes e o aumento de países determinava também um maior número de estádios, a ampliação de sedes em cada país, a importância da presença e a garantia dos governos de que o país receberia os recursos necessários para patrocinar a Copa. A Itália cumpriu tudo, forneceu o dinheiro necessário, os estádios sofreram amplas reformas que modernizaram a infra-estrutura italiana e o povo começou a acreditar na força da equipe "azurra" para ganhar o mundial. A Copa não contaria com alguns países europeus de nomeada, como a Dinamarca, tão badalada na Copa anterior, além de Portugal, Polônia, França e Hungria, que poderiam ter reforçado o gabarito técnico da competição.

Entrava de novo, pela África, a República dos Camarões, que seria a agradável surpresa da competição. Ainda não se falava da Nigéria, que começava a despontar como outra grande força do futebol africano.

Ficamos no Grupo "C", na fase primária de classificação do mundial. Na nossa chave, Escócia, Suécia e Costa Rica. Evidente que achávamos suecos e escoceses em condições de classificar-se ao nosso lado e a Costa Rica a ser descartada com uma dessas seleções.

Foi exatamente o contrário. A Costa Rica surpreendeu e classificou-se para a etapa final da competição e os suecos e escoceses voltaram mais cedo para casa.

Depois de passar por Costa Rica, Suécia e Escócia, ficamos classificados entre os dezesseis times e nos preparamos para disputar o mundial propriamente dito. Nossa seleção tinha Tafarel no gol, que tinha defendido o Brasil nas Olimpíadas da Coréia, novidades como Mauro Galvão, Ricardo Gomes, Branco, Dunga e da Copa de 1986 jogadores como Careca, Müller e Alemão. Estreamos contra a Suécia, na cidade de Torino com mais de sessenta mil pagantes e ganhamos de 2x1.

Careca fez os dois gols do Brasil. Contra a Costa Rica, ganhamos de um magro 1x0 o que foi uma surpresa para nós jornalistas, que esperávamos um melhor desempenho. Aliás esta é outra deficiência do Brasil. Nós temos uma tendência de desvalorizar o adversário pouco conhecido e com isso, às vezes, como nesse jogo da Costa Rica, pagamos tributo.

1990 – A epopéia de Lazaroni

Novamente Torino, estádio quase lotado, gol de Müller no primeiro tempo e um grande sofrimento no segundo tempo. A tática de Lazaroni, garantindo a defesa e reduzindo o poder de ataque, foi alvo novamente de críticas. Contra a Escócia, dia 20 de junho foi pior. Empatamos 0x0 no primeiro tempo e Müller, aos trinta e seis do segundo tempo, quando faltavam dez minutos para acabar o jogo, voltou a marcar. Aí já estávamos todos convencidos de que o Brasil, na maneira tática de jogar, não chegaria às finais. Todos estavam convencidos, menos o técnico. E aí é que sustento a velha tese de que a imprensa não é contra a seleção. Ela opina, critica, comete injustiças mas a par disso tem muita coisa lógica que deve ser levada em consideração. Como na Comissão Técnica da seleção brasileira, nesta da Itália e em todas as outras, todos ficam surdos às críticas, e os técnicos principalmente transformam em batalha pessoal com a imprensa o direito de manter seu ponto de vista contra tudo e contra todos.

Lazaroni não fugiu à regra e acabou perdendo sua posição de técnico no futebol brasileiro. Tivesse o treinador a humildade para ouvir algumas críticas e ele poderia ter endireitado o time. Afinal tínhamos no meio de campo jogadores da qualidade de Valdo e Silas, este em grande forma, além de Ricardo Gomes e Alemão, e um jogador que já estava impondo-se como líder do time: Dunga. Se tivéssemos modificado o sistema de meio de campo para melhorar o ataque, não passaríamos os vexames que passamos em ganhar de pouco, muito pouco, de adversários sem categoria para nos enfrentar.

Fomos para as oitavas-de-final e aí acabou a nossa festa. Pela primeira vez num confronto direto, jogamos e perdemos para a Argentina por 1x0. Dessa partida também jogada no Estádio Delle Alpi, perante sessenta e dois mil pagantes, tomamos um gol de Caniggia, devido a uma arrancada de Maradona pelo meio. Duas coisas aconteceram: Alemão, que jogava com Maradona na Itália não quis fazer a única coisa que deveria ter sido feito: Falta no jogador argentino no meio de campo ou na intermediária brasileira. A passagem de Maradona por Alemão e Dunga, obrigou Ricardo Rocha a abandonar sua posição de marcação em Caniggia e partir para obstruir Maradona. O passe do grande jogador portenho saiu perfeito para Caniggia, que entrou livre e na saída de Tafarel marcou o gol que classificou a Argentina. Essa jogada de ponta e goleiro me lembrou na hora, comentando a partida, de lance idêntico na Argentina, quando Gil livre, solto, frente a Fillol, chutou em cima do goleiro argentino. O fato é que esse gol selou a sorte do Brasil. Nós tínhamos time para ganhar de 1x0. O sistema defensivo brasileiro era muito bom mas o ataque era inteiramente sacrificado. Até hoje procuro entender o técnico Lazaroni na sua filosofia de jogo. Para Lazaroni, a tática do seu time é de não tomar gol. Ele é obsessivo nesse sistema. Fazer gol é uma variação do jogo mas não é o mais importante. Mas o futebol é feito de vitórias e de gols. Ao preconizar a supervalorização da defesa em detrimento do ataque, principalmente num futebol como o nosso, de tradição ofensiva, o técnico amputou física e tecnicamente o nosso time e nos condenou a uma desclassificação prematura e infeliz.

Até hoje, depois daquela conversa no Recife, não falei mais com o presidente Ricardo Teixeira para saber dele, se ainda persistisse franqueza entre nós, quem foi que o convenceu de dar a Lazaroni uma outra chance depois daquela recuperação em Pernambuco. A impressão que tive naquela época é que o presidente da CBF estava convencido de que Lazaroni não era o homem. Mas alguém, ou alguns dos seus amigos e do seu *staff*, que muito tem prejudicado a imagem do presidente da nossa Confederação, convenceu o então inexperiente presidente, sem muita vivência no futebol, a manter o técnico e condenar por antecipação a nossa seleção. A grande maioria da imprensa, a que entende do riscado e não se subordina a interesses, já anunciava que a tática de Lazaroni não era a melhor para o estilo do nosso futebol. Hoje, tenho certeza, com a vivência que possuo dos bastidores do futebol, o presidente Ricardo Teixeira jamais repetiria a dose de não seguir seus instintos e sua opinião. E isso é muito importante.

A Copa da Itália, melancolicamente, acabou para nós do

1990 – A epopéia de Lazaroni

Brasil no dia 24 de junho, na cidade italiana de Torino. A Argentina, que ocupou o nosso lugar, enfrentou e eliminou a Itália, uma grande tragédia para os italianos, numa partida dificílima. Schillaci, um jogador que apareceu na seleção italiana e depois sumiu, marcou o gol italiano e Caniggia, novamente ele, empatou para a Argentina, passe novamente de Maradona. Veio a prorrogação: 0x0. Veio a decisão por pênaltis e mais uma vez a Itália ficou de fora. A Argentina ganhou de 4x3 e foi à final contra a Alemanha, que tinha vencido a Inglaterra da mesma maneira que a Argentina ganhou da Itália.

Empate dramático por 1x1. Prorrogação 0x0 e nos pênaltis vitória alemã por 4x3. Parecia até vídeoteipe a vitória dos finalistas da Copa.

Os argentinos estavam embalados. Tinham desclassificado a Itália jogando com dez homens, pois o jogador Giusti foi expulso e acreditavam no seu toque de bola, em Maradona e Caniggia para bater a marcação dura e o jogo aplicado e sério dos alemães, treinados por Beckenbauer, o Kaiser, como era chamado e que tinha sido campeão do mundo jogando pela sua seleção. Além disso, na partida anterior contra a Iugoslávia, os argentinos passaram maus bocados. Empataram nos noventa minutos por 0x0, foram para a prorrogação com 0x0 e nos pênaltis, graças a Goycoechea, seu grande goleiro, ganharam de 3x2, com Maradona perdendo um pênalti.

A Alemanha, por outro lado, ganhou com gol de pênalti marcado por Lothar Matthäus, o mais veterano jogador alemão naquela Copa, garantido a vitória com tremenda dificuldade e com enorme pressão dos tchecos.

O jogo final foi muito conturbado e nervoso. Os argentinos, é a minha impressão, estavam confiantes em vencer os alemães e repetir a façanha do México. O árbitro Edgardo Codesal, do México não esteve bem nessa partida. Para sorte dos alemães o time argentino estava desfalcado de alguns titulares. Codesal marcou um pênalti de Monzon em Voeller, que Brehme transformou no gol da Alemanha e deixou de marcar um de Goycoechea em Littbarski e outro novamente de

Monzon sobre Klinsmann. Os alemães estavam melhores fisicamente, sua marcação era dura. A ausência de Caniggia quebrou a dupla com Maradona, uma espécie de Pelé/Coutinho à moda Argentina e diminuiu o poderio de gols da equipe portenha. Não jogou também Olarticoechea. A deslocação de Ruggeri para o meio de campo e a presença de Troglio e Dezotti no ataque, sem se entenderem com Maradona, facilitou o trabalho alemão no que tange à marcação firme contra os argentinos.

Monzon jogou nervosamente e se descontrolou depois do pênalti marcado por Codesal. E na realidade eu até defendo o juiz mexicano num detalhe: Goycoechea fez um pênalti e Monzon outro. Que juiz daria três pênaltis numa decisão de mundial?

Ganharam os alemães e a seleção brasileira de Lazaroni amargou um simples, modesto nono lugar na Copa da Itália.

Como diria Zola, o famoso escritor francês em seu livro *J'acuse*, eu credito o nosso nono lugar a dois homens:

Lazaroni, nosso técnico, pela sua intransigência tática defensiva, para um futebol ofensivo como o nosso, e ao presidente Ricardo Teixeira pela manutenção do treinador.

Se o presidente da CBF foi convencido a manter Lazaroni, contra a opinião da maioria, até hoje não tenho certeza do nome do Maquiavel caboclo que convenceu o presidente.

Justiça se faça: Influenciado ou não, o presidente segurou sozinho o ônus do fracasso da seleção. Isso nos dias de hoje é um mérito.

1990 – A epopéia de Lazaroni

Brasil na Copa de 1990

GRUPO C

Brasil 2 x 1 Suécia
Data: 10/06/90
Local: Estádio Delle Alpi, em Torino
Árbitro: Tullio Lanese (Itália). Auxiliares: Michel Vautrot (França) e Naji Jouini (Tunísia)
Público: 62.628 pagantes
Gols: Brasil: Careca aos 40' e aos 63'.
   Suécia: Brolin aos 34'
Brasil: Tafarel, Jorginho, Mozer, Mauro Galvão, Ricardo Gomes e Branco, Valdo (Silas aos 82'), Dunga e Alemão, Müller e Careca
Suécia: Ravelli, R. Nilsson, Ljung (Stromberg), Schwarz e Larsson, Ingesson, Thern, Limpar, J. Nilsson, Magnusson (Pettersson) e Brolin.

Brasil 1 x 0 Costa Rica
Data: 16/06/90
Local: Estádio Delle Alpi, em Torino
Árbitro: Naji Jouini (Tunísia).
   Auxiliares: Jassim Mandi (Bahrain) e Jean Fidele Diramba (Gabão)
Público: 58.007 pagantes
Gol: Brasil: Müller aos 33'
Brasil: Tafarel, Jorginho, Mozer, Mauro Galvão, Ricardo Gomes e Branco, Valdo (Silas) Dunga e Alemão, Müller e Careca (Bebeto)
Costa Rica: Conejo, Chavarria, Montero, Flores, Marchena e Gonzalez, Gomez, Chaves e Ramirez, Cayasso (Guimarães) e Jara (Meyeres).

Brasil 1 x 0 Escócia
Data: 20/06/90
Local: Estádio Delle Alpi, em Torino
Árbitro: Helmuth Kohl (Áustria)
   Auxiliares: Siegfried Kirschen (Alemanha Ocidental) e Michel Listkiewicz (Polônia)
Público: 62.502 pagantes
Gol: Brasil: Müller, aos 81'
Brasil: Tafarel, Jorginho, Ricardo Rocha, Mauro Galvão, Ricardo Gomes e Branco, Valdo, Dunga e Alemão, Romário (Müller) e Careca
Escócia: Leighton, McLeish, McLeod (Gillespie), McKimmie, McPherson, Malpas, McStay, Aitken, McCoist (Fleck), McCall e Johnston.

Brasil Classificado

OITAVAS-DE-FINAL

Brasil 0 x 1 Argentina
Data: 24/06/90
Local: Estádio Delle Alpi, em Torino
Árbitro: Joel Quiniou (França)
   Auxiliares: Jouini (Tunísia) e Pairetto (Itália)
Público: 61.381 pagantes
Gol: Argentina: Caniggia, aos 80'
Brasil: Tafarel, Jorginho, Ricardo Rocha, Mauro Galvão (Renato), Ricardo Gomes e Branco, Valdo, Dunga e Alemão (Silas), Müller e Careca
Argentina: Goycoechea, Simon, Monzon, Troglio (Calderon), Olarticoechea, Burruchaga, Caniggia, Ruggeri, Giusti, Maradona e Basualdo.

Brasil Desclassificado

Estados Unidos 1994

Ano	1994
País Sede	Estados Unidos
Campeão	Brasil
Público	3.587.538

Rádio Record
Barbosa Filho
Osvaldo Maciel
Osvaldo Luiz

Rádio Inconfidência – MG
Luiz Otávio Pena
Paulo Roberto
Marcos Russo

1994

Vencemos e não convencemos

Em 1993 rescindi o contrato de parceria que tínhamos com a Rádio Tupi e de imediato passei a trabalhar na Rádio Record, ao lado do Osvaldo Maciel e de grandes nomes do rádio esportivo paulista e brasileiro. Passamos a comentarista principal e já começamos a trabalhar para realizar a Copa de 1994 nos Estados Unidos.

A Rede Record de tantas tradições no esporte brasileiro tinha sido vendida para a Igreja Universal do bispo Edir Macedo e seu diretor, Mario Catto, vinha lutando bastante para manter a Rádio nas atividades esportivas, antes dirigida pelo grande locutor Osmar Santos.

Fizemos uma parceria que considero excelente, para a Copa dos Estados Unidos, com os companheiros da Rádio Inconfidência de Minas, chefiados por Jairo Anatolio Lima, Um dos poucos cronistas que milita no Rádio desde 1950, e formamos novamente uma grande Rede nacional de emissoras, mais de duzentas estações sob o comando da Record e Inconfidência. Viajamos para os Estados Unidos, acompanhamos a seleção nos seus jogos pré-campeonato mundial no Canadá e nos preparamos para as disputas nos Estados Unidos.

O importante a destacar, para vocês que me dão a honra de ler este livro, é que muita gente não sabe que o futebol existe na América do Norte há muito tempo, embora até então sem possibilidade de superar o futebol norte-americano, cuja força reside nas Universidades e nos profissionais, no beisebol norte-americano, circunscrito praticamente aos Estados Unidos, Cuba, alguns países do Caribe, Venezuela e até no Japão pós-guerra, e que acabou perdendo terreno para o futebol naquele país. Os Estados Unidos são filiados à FIFA desde 1910 ou 1913, também não estou muito seguro da época. Sei que foi por esse tempo. Os Estados Unidos participaram da Copa de 1930 no Uruguai e no Mundial de 1934.

Depois da guerra, os norte-americanos participaram da Copa de 1950 e marcaram a sua grande vitória contra a Inglaterra em Belo Horizonte no recém-inaugurado Estádio Independência. Depois sumiram do mapa. Só em 1990 o futebol norte-americano disputou outra Copa. Ou seja, os norte-americanos levaram quarenta anos para que o futebol ganhasse novamente dimensão profissional.

O futebol norte-americano deve muito à grande colônia italiana, além das colônias alemãs, polacas e irlandesas que em grande número praticam o *soccer* em termos amadores. Hoje, depois de 1990 e principalmente depois de 1994, os Estados Unidos da América se transformaram num país de futebol emergente com um fato curioso: o futebol feminino ganhou uma dimensão impressionante naquele país. Hoje, entre meninas e moças, sete milhões de mulheres praticam futebol nos Estados Unidos. E assim como o Brasil é uma potência no futebol masculino, com cinco campeonatos mundiais, os Estados Unidos são grande potência no setor feminino.

Posso assegurar que a filosofia norte-americana para os esportes é única no mundo. Para os norte-americanos o esporte é para todos, desde os testes de Cooper a qualquer prática esportiva. As Universidades e High Scool norte-americanas dão ao esporte um tratamento todo especial, daí porque a potência

1994 – Vencemos e não convencemos

norte-americana na maioria das modalidades esportivas é um fato. Por mais surpreendente que possa ser, tenho a convicção de que o futebol feminino cresceu nos Estados Unidos, primeiro pelo sentido de igualdade entre homens e mulheres e segundo porque para a família norte-americana o futebol é um esporte coletivo com maior número de praticantes por equipe, em relação ao basquete, vôlei, tênis etc. e o menos violento. Por isso é que o beisebol não cresceu entre as mulheres e muito menos o futebol norte-americano, dada a sua violência física. O futebol, além disso, é mais barato. Chuteiras, calções, camisa e pronto. As escolas aderiram, as universidades, os clubes de bairros e aí está popularizado o futebol.

O êxito da Copa de 1994 nos Estados Unidos se traduz por um fato:

Foi a Copa mais assistida em número de público, recorde absoluto em todos os tempos. Como não sabiam muito, o norte-americano compareceu em suas cidades, Chicago, Dallas, Denver, Washington etc. em grande número, batendo recordes de público. E foi aquela festa. Ordem absoluta. Os estádios norte-americanos sequer possuem alambrados. Não tem essa história de invasão de campo, usar o lugar que não é seu. Compra de ingressos por antecipação, enfim, um negócio organizado e diferente. E isso proporcionou ao futebol a publicidade que ele tanto necessitava.

Portanto, com o esforço do presidente da U.S. Soccer, Alan Rothenberg e de figuras influentes da política norte-americana como Henry Kissinger e outros, os Estados Unidos se prepararam para a Copa com a organização e marketing típico dos norte-americanos. O êxito estava assegurado por antecipação. A primeira notícia importante é que cento e trinta e oito países disputaram as eliminatórias para a Copa Norte-americana, prova incontestável da força mundial da FIFA e a certeza de que nenhum esporte em número de praticantes e de assistentes teria condições de bater o futebol.

Novamente a fórmula de 1990: vinte e quatro países. Idem a primeira fase de classificação para que os dezesseis classificados disputassem a fase decisiva da competição. Abolida a prorrogação e mantida a fórmula de "matar ou morrer" que às vezes pode penalizar, por sorte, por um pênalti ou uma falta bem cobrada uma seleção com melhor condição técnica. Mas foi mantido o sistema para 1994. O Brasil na fase de classificação ficou na chave B com Rússia, Camarões e Suécia. Aliás a Suécia e o México são equipes que sempre se defrontam com o Brasil desde 1950.

Nosso primeiro jogo foi com a Rússia. O time era muito bom, escalado pelo técnico Parreira. Tínhamos uma defesa sólida com Ricardo Rocha, Márcio Santos e como regra três o jogador Aldair, um meio de campo excelente com Raí, Mauro Silva, Dunga e Zinho e um ataque onde despontava a inteligência de Bebeto e o talento de Romário.

Jogamos em São Francisco, sob a direção de um juiz das Ilhas Maurício, chamado An Yan Lim Kee Chong, e Romário no primeiro tempo e Raí no segundo liqüidaram com os russos, e com tranqüilidade.

Contra Camarões, no dia 24 de junho, vencemos de 3x0. Romário marcou primeiro e no segundo tempo Márcio Santos e Bebeto assinalaram os gols brasileiros. E contra a nossa velha concorrente, a Suécia, empatamos de 1x1, jogo em Detroit, uma deslocação muito longa, mas onde a colônia sueca era muito forte e novamente Romário marcou.

Os suecos empataram por intermédio de Andersson. Tudo isso no segundo tempo. A seleção, que antes de estrear realizara alguns amistosos no Canadá e nos Estados Unidos, estava realmente preparada.

É claro que o fenômeno mídia e seleção continuava o mesmo. Parreira e Zagalo, como seu assistente técnico, continuavam a receber críticas, principalmente pela lentidão da seleção e sua concentração defensiva em larga escala. Como sempre, a multidão de jornalistas, credenciados ou não, viviam em torno da seleção. Como sempre, a CBF jamais montou um esquema jornalístico importante. A única idéia da nossa entidade foi a de isolar a seleção.

Agora, quando se trata de mundial, a seleção aluga um

1994 – Vencemos e não convencemos

hotel inteiro, onde fica a seleção e a cartolagem. Monta-se um sistema de segurança típica de campo de concentração em torno da seleção e isso, quer queiram ou não os dirigentes, prejudica e muito a equipe de futebol, confinada a uma concentração, longe de tudo e de todos, durante trinta a quarenta dias, saindo praticamente para treinar e jogar e com aquela multidão de repórteres a querer entrevistas de todos os tamanhos e tipos e com perguntas, a maioria delas sem mérito jornalístico nenhum. Como a CBF não defende os direitos das emissoras de Rádio, que pagam para transmitir a Copa e como só o Brasil leva o Rádio para os mundiais, a coisa fica muito difícil.

A partir de 1994 verificamos um fato: O mundo inteiro participa da Copa pela televisão. A América do Sul, além da Rede colombiana Caracol e uma ou duas emissoras argentinas, tem o maior contingente de Rádio. Quase sempre dezesseis emissoras credenciadas e que pagam os direitos. Representantes de mais de cem emissoras brasileiras estão na Copa sem credenciais e sem pagamento de direitos, e aí imaginem a multidão de repórteres, mais os jornalistas de televisão e de jornais para entender a confusão que cerca o Brasil. E isso gera impaciência, brigas, informações boas e ruins a qualquer custo e o clima que acaba separando jornalistas e dirigentes.

Nas oitavas-de-final, tivemos o compromisso mais difícil na Copa: a "magra" vitória de 1x0 contra os Estados Unidos, novamente em São Francisco, no estádio da Universidade de Stanford. Só marcamos aos vinte e nove minutos do segundo tempo, gol de Bebeto, depois de um sufoco enorme da seleção norte-americana, que surpreendeu pela sua marcação e pelo seu sistema de jogo. Como preparador da seleção norte-americana, especialmente contratado, estava o conhecido Bora Milutinovic, conhecedor do futebol sul-americano e estudioso do futebol brasileiro. Foi uma vitória difícil e que mostrou as dificuldades de classificação para a seleção.

O jogo contra a Holanda não era, pelo menos na minha opinião, tão difícil como o jogo frente aos Estados Unidos, com a torcida e garra dos norte-americanos. Ganhamos de 3x2, com um gol salvador de Branco, cobrando falta aos trinta e seis minutos do segundo tempo. Houve, nessa partida, uma certa facilidade da seleção no primeiro tempo. Empatamos de 0x0. A maior estrela holandesa era o atacante Bergkamp, além de Rijkaard no meio de campo, mas não era mais a assombrosa Holanda da Alemanha e muito menos a finalista da Argentina. Romário e Bebeto completaram o marcador dessa partida e Bergkamp e Wouters marcaram para os holandeses.

À margem da seleção da Holanda, permitam um esclarecimento da nossa parte com relação à Copa do Mundo. Numa ou noutra Copa, surge sempre o talento de um país com uma surpreendente geração de grandes jogadores. Ao contrário do Brasil e da Argentina, celeiros de craques, que produzem a cada quatro anos uma enorme geração de novos valores, os demais países têm, vez por outra, uma geração de craques, que entretanto não têm continuidade. Ou seja, acabada essa geração, a reposição é demorada para que se crie novamente condições excepcionais. Foi o caso dos húngaros em 1954 e que depois da geração de Puskas, Kocsis etc. não apresentaram mais outros jogadores do mesmo quilate. A Dinamarca mostrou uma seleção com alguns valores, suficientes para fazer do seu time uma boa seleção mas sem gabarito para concorrer ao título. Os holandeses não fogem à regra: da geração de Cruyff e companhia a Holanda voltou a ser uma boa seleção nos campeonatos europeus e mundiais mas nunca uma seleção para ganhar uma Copa. A oportunidade de húngaros desapareceu na Suíça e holandeses na Alemanha. Italianos e espanhóis continuam, pela sua força financeira ao contratar jogadores de qualquer parte do mundo. Mas a Itália tem uma segunda divisão muito forte. A Espanha não. É por isso que os italianos surpreendem de vez em quando e os espanhóis nunca, pela fraqueza técnica dos seus jogadores nativos. Além disso, a mentalidade espanhola é de oferecer espetáculo e não existe uma preocupação em montar uma geração de jogadores espanhóis capazes de chegar ao mundial. Depois, outro detalhe, como já expliquei, é a questão da camisa. Algumas seleções que chegam às finais não têm condição psico-

1994 – Vencemos e não convencemos

lógica para enfrentar uma decisão. E isso foi fatal a húngaros e holandeses.

Como dizia, ganhamos da Holanda, uma partida dramática, mesmo porque a seleção brasileira jogou respeitando mais a fama do que o futebol holandês e isso prejudicou nossa atuação, principalmente no primeiro tempo. Voltamos para a etapa final mais dispostos, o jogo cresceu e conseguimos ganhar de 3x2. Marcamos 2x0 e nos acomodamos com o placar. Sempre foi, no futebol, um placar perigoso, porque sempre gera o espírito de vitória. Por isso tomamos 2x1, nos apavoramos, recuamos para garantir os 2x1, tomamos o empate e Branco salvou a pátria. Tudo bem.

A partida da semifinal contra a Suécia revelou uma equipe brasileira nervosa, inclusive com as críticas pelo comportamento tático da seleção. Embora com jogadores como Mauro Silva, Raí, Mazinho e velocistas como Romário e Bebeto. Parreira manteve a seleção absolutamente na defesa. Isso permitiu um jogo difícil contra a Suécia durante noventa minutos. Vencemos com gol de Romário, aos trinta e cinco minutos do segundo tempo, gol este que nos deu a vitória de 1x0 contra os suecos. Esse jogo foi disputado em Los Angeles, no The Rose Bowl, local marcado também para a final. Os Estados Unidos foram inteligentes em deslocar para Los Angeles as finais do futebol. Com quase três milhões de mexicanos, Los Angeles é a maior concentração de latinos dos Estados Unidos e não Miami, como muitos pensam. Lá estão os torcedores do futebol de origem mexicana e estaria garantida grande massa de torcedores. Em Los Angeles também estávamos em casa. Se não torcem pelo México, os mexicanos torcem automaticamente pelo Brasil. Com essa vitória, passamos à final.

No dia 17 de julho, a grande final. Contra a Itália. Novamente uma final importante e decisiva para a nossa seleção. Empatamos de 0x0 durante noventa minutos. O juiz escolhido foi o húngaro Sandor Puhl e novamente as características defensivas da nossa seleção facilitaram a cobertura defensiva dos italianos. A Itália tinha dois grandes zagueiros: Maldini e Baresi. Os irmãos Baggio, Dino e Roberto, um excelente meio campista, Donadoni, e um bom ponta, Massaro.

Após os noventa minutos, mais trinta de prorrogação. Novamente 0x0.

Nesses trinta minutos jogamos mais à frente, mas o sistema de marcação dos italianos era excelente e nossa defesa também marcava impecavelmente a equipe italiana. Como ninguém queria arriscar-se pois o gol, no sistema mata-mata, acabaria com o jogo, os trinta minutos se arrastaram nervosamente. E aí fomos para os pênaltis.

Vejo nessa cobrança algo da nossa eliminação pela França na Copa do México. Lá Sócrates estava absolutamente cansado, fisicamente falando, para cobrar a infração. Se não cometo uma injustiça, Sócrates voltou da Copa com uma lesão na coluna ou nas costas que o afastou durante algum tempo do futebol. Mas o fato é que o jogador estava cansado e talvez sem condições normais de raciocínio.

Cobrou o pênalti, perdeu e foi um fator da nossa desclassificação no México.

Com a Itália, sucedeu o mesmo. Roberto Baggio estava para a seleção italiana o mesmo que Sócrates estava para o Brasil naquela oportunidade. Ambos, talvez por uma questão de força psicológica para o resto do time, deveriam cobrar. Cobrou e errou.

O goleiro Pagliuca defendeu um pênalti cobrado por Márcio Santos. Tafarel defendeu o pênalti cobrado por Massaro. Como Romário, Dunga e Branco marcaram e como Baresi já tinha chutado um pênalti para fora, o erro de Baggio foi decisivo.

Voltando ao México. Na partida contra a França, no tempo regulamentar, tivemos um pênalti a nosso favor que daria a passagem para as finais. O pênalti foi sofrido por Zico, que tinha acabado de entrar e que durante toda a Copa do México estava contundido. Não sei quem entendeu de dar a Zico a chance de cobrar uma penalidade daquela importância, para um jogador que acaba de entrar em campo, absolutamente frio no jogo, embora grande cobrador de pênalti. Não sei se era uma homenagem ao jogador ou uma questão de respeito ao craque.

1994 – Vencemos e não convencemos

O fato é que para Zico, que cobrou e marcou nos pênaltis finais, aquele chute defendido pelo goleiro francês tirou o Brasil da Copa e com isso a chance do próprio Zico disputar uma final de mundial, título que ele não tem na sua carreira de grande jogador.

Voltando aos Estados Unidos. Pela primeira vez o Brasil era campeão mundial de futebol, ganhando nos pênaltis. Todas as outras conquistas foram feitas com a bola rolando, sem correr riscos de pênaltis mal cobrados e em condições de predominância técnica. Se compararmos as escolas de futebol, chegamos à conclusão que tivemos duas fases técnicas importantes do futebol.

De 1950 até 1970, o Brasil saiu do sistema diagonal, ou seja predominância tática da linha média, para o quatro, dois quatro ou quatro, quatro dois. Dependíamos da habilidade do jogador, do seu virtuosismo, da sua condição técnica, da sua qualidade individual. Ao longo desses vinte anos, foi-se estabelecendo uma nova filosofia entre os jogadores e nosso futebol. Começou a surgir uma nova classe, dominante por sinal, nos termos técnicos do nosso futebol. Essa classe é a dos preparadores físicos, que como Parreira, Coutinho, Gilberto Tim e outros impuseram aos nossos técnicos a filosofia européia do futebol força, do futebol defensivo, do atleta fisicamente apto em detrimento até do seu jogo individual.

Assim, sumiu do futebol brasileiro o centroavante explosão, tipo Vavá, Mazzola, César, Dinamite, Nunes, Ademar Pantera e tantos outros. O valor físico contava pontos. A habilidade individual muito pouca. Na Copa de 1994, como na de 1990, como na de 1986, já se estabelecia o padrão defensivo. O sistema de defesa de Sebastião Lazaroni teve em Parreira um seguidor um pouco mais cauteloso, mas mesmo assim defensivo.

Portanto temos de considerar que temos duas fases distintas, taticamente falando. Antes e depois de 1970. Até 1970 nosso futebol era mais bonito, mais técnico, mais individual, daí a presença de grandes jogadores como Didi, Garrincha, Rivelino, Gérson, Clodoaldo, Ademir da Guia, Falcão e tantos

Brasil em Copas do Mundo

outros que deram ao futebol o máximo de cor e beleza.

Depois de 1970 ficamos mais profissionais e criamos jogadores de outra estirpe e com a obrigatoriedade de defender, antes de atacar. A filosofia gritante do futebol, para técnicos, era a filosofia de não tomar gols. Fazer o gol, que é a essência do futebol, é taticamente uma segunda opção. E para os treinadores físicos, donos da filosofia de força e preparo físico acima da qualidade individual, essa tese era importante e definitiva. Daí porque, numa Copa como a dos Estados Unidos, a de mais baixo nível técnico de quantas assisti, acabamos ganhando nos pênaltis...

Brasil na Copa de 1994

GRUPO B

Brasil 2 x 0 Rússia
Data: 20/06/94
Local: Stanford Stadium, em São Francisco
Árbitro: An Yan Lim Kee Chong (Ilhas Maurício) Domenico Ramicone (Itália) e El-Jilali Rharib (Marrocos)
Público: 81.061 pagantes
Gols: Brasil: Romário, aos 27', e Raí, aos 53' (pênalti)
Brasil: Tafarel, Jorginho, Ricardo Rocha (Aldair), Márcio Santos e Leonardo; Mauro Silva, Dunga (Mazinho), Raí e Zinho; Bebeto e Romário
Rússia: Kharin, Nikiforov, Gorlukovich, Khlestov e Kuznetsov; Piatnitski, Karpin, Tsymbalar e Ternavski; Yuran (Salenko) e Radchenko (Borodiuk).

1994 – Vencemos e não convencemos

Brasil: 3 x 0 República dos Camarões
Data: 24/06/94
Local: Stanford Stadium, em São Francisco
Árbitro: Arturo Brizio (México), Douglas James (Trinidad e Tobago) e Carl-Johan Christensen (Dinamarca)
Público: 83.401 pagantes
Gols: Brasil: Romário, aos 39', Márcio Santos aos 65', e Bebeto, aos 72'
Brasil: Tafarel, Jorginho, Aldair, Márcio Santos e Leonardo; Mauro Silva, Dunga, Raí (Müller), Zinho (Paulo Sérgio); Bebeto e Romário
República dos Camarões: Bell, Tataw, Bahanag, Song e Agbo; Libiih, M'Fede (Maboang), Foe e M'Bouh; Oman-Biyick e Embé (Milla).

Brasil 1 x 1 Suécia
Data: 28/06/94
Local: The Silverdome, em Detroit
Árbitro: Sandor Puhl (Hungria), Sandor Marton (Hungria) e Luc Matthys (Bélgica)
Público: 77.217 pagantes
Gols: Brasil: Romário, aos 47'
Suécia: Andersson K. aos 23'
Brasil: Tafarel, Jorginho, Aldair, Márcio Santos e Leonardo; Mauro Silva (Mazinho), Dunga, Raí (Paulo Sérgio) e Zinho; Bebeto e Romário.
Suécia: Ravelli, Nilsson, Kamark, Schwarz (Mild), Andersson P. e Ljung; Ingesson, Thern, Larsson (Blomqvist), Brolin e Andersson K.

Brasil Classificado

Brasil em Copas do Mundo

OITAVAS-DE-FINAL

Brasil 1 x 0 EUA

Data: 04/07/94

Local: Stanford Stadium, em São Francisco

Árbitro: Joel Quiniou (França), Mikael Everstig (Suécia) e Yae-Yon Park (Coréia do Sul)

Público: 84.147 pagantes

Gol: Brasil: Bebeto aos 74'

Brasil: Tafarel, Jorginho, Aldair, Márcio Santos e Leonardo, Mauro Silva, Dunga, Mazinho e Zinho (Cafu); Bebeto e Romário

EUA: Meola, Clavijo, Balboa, Lalas e Caligiuri; Sorber, Jones, Dooley e Ramos (Wynalda); Stewart e Perez (Wegerle).

QUARTAS-DE-FINAL

Brasil 3x 2 Holanda

Data: 09/07/94

Local: The Cotton Bowl, em Dallas

Árbitro: Rodrigo Badilla (Costa Rica), Yousif Al-Ghattan (Bahrain) e Mohammed Fanaei (Irã)

Público: 63.500 pagantes

Gols: Brasil: Romário, aos 7', Bebeto aos 17' e Branco aos 81'

Holanda: Bergkamp aos 19' e Winter aos 76'

Brasil: Tafarel, Jorginho, Aldair, Márcio Santos (Cafu); Mauro Silva, Dunga, Mazinho (Raí) e Zinho; Bebeto e Romário

Holanda: De Goej; Winter, Koeman, Valckx e Witschge; Wouters, Rijkaard (Ronald de Boer), Jonk e Bergkamp, Overmars e Van Vossen (Roy).

1994 – Vencemos e não convencemos

SEMIFINAL

Brasil 1 x 0 Suécia

Data: 13/07/94

Local: The Rose Bowl, em Los Angeles

Árbitro: José Torres Cadena (Colômbia), Sandor Marton (Hungria) e Luc Mathys (Bélgica)

Público: 91.500 pagantes

Gol: Brasil: Romário aos 80'

Brasil: Tafarel, Jorginho, Aldair, Márcio Santos e Branco; Mauro Silva, Dunga, Mazinho (Raí); Bebeto e Romário

Suécia: Ravelli, Nilsson, Andersson, Bjorklund e Ljung; Ingesson, Thern, Mild e Brolin; Dahlin (Rhen) e Andersson K.

FINAL

Brasil 0 x 0 Itália

Data: 17/07/94

Local: The Rose Bowl, Los Angeles

Árbitro: Sandor Puhl (Hungria), Venancio Zarate Vaxquez (Paraguai) e Mohammed Fanaei (Irã)

Brasil: Tafarel, Jorginho (Cafu), Aldair, Márcio Santos e Branco; Mauro Silva, Dunga, Mazinho e Zinho (Viola); Bebeto e Romário

Itália: Pagliuca, Mussi (Apolloni), Maldini, Baresi e Benarrivo; Albertini, Dino Baggio (Evani), Donadoni e Berti; Roberto Baggio e Massaro.

Prorrogação: Brasil 0 x 0 Itália

Pênaltis: Brasil 3 x 2 Itália

Gols: Brasil: Romário, Branco e Dunga
Itália: Albertini e Evani

Brasil Campeão

235

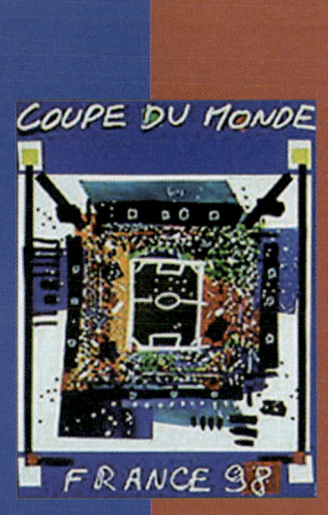

França 1998

Ano 1998
País Sede França
Campeão França
Público 2.775.424

Rádio Record
Barbosa Filho
Fiori Giglioti
Marcos Barreto

Rádio Inconfidência – MG
Luiz Otávio Pena
Reinaldo
Luiz Chaves
Osvaldo Reis

1998

A última Copa do século

Considerando a Copa de 1950 até a Copa de 1998, a nossa seleção começou e terminou a sua campanha da mesma forma: ganhando o vice-campeonato. E apesar dos boatos de que a seleção se teria "vendido" aos franceses no último jogo, a verdade é que chegamos ao final da Copa com uma seleção comprometida pelos negócios comerciais da Confederação Brasileira de Futebol e dos próprios jogadores. O povão, que torce, sofre, discute, chora e se emociona pela nossa equipe, sabe muito pouco do que rola nos bastidores e a enorme gama de negócios que cerca uma Copa e uma seleção do tamanho e do prestígio mundial do Brasil. Daí os boatos de venda, de destaque na Internet e de falta de conformismo com a nossa derrota frente à França. Afinal, em 1958 a França não conseguiu nada, embora com jogadores do naipe de Kopa, Fontaine, Piantoni e companhia. No México, a França nos eliminou nos pênaltis. Afinal, Zico com toda a sua grandeza nunca foi campeão do mundo. Sua chance no México, ele mesmo desperdiçou.

Nossa cultura desportiva tem um vício que é oriundo da longa e larga história que domina este país desde o império e que talvez não tenha conserto nos primeiros séculos do terceiro milênio. Na história do futebol brasileiro a idéia do suborno, da "gaveta", envolvendo jogadores, árbitros e dirigentes é uma constante. Em qualquer campeonato regional brasileiro a maneira mais fácil de justificar a derrota é acusar o árbitro e por extensão o jogador que falha. De modo que é fácil acusar a seleção de se ter vendido para a França, do que realmente enfrentar a dura realidade da fraca atuação do Brasil naquela oportunidade.

Como todo mundo tem uma versão sobre a derrota para a França, eu também tenho a minha versão. Como este livro é um histórico das minhas observações sobre as Copas do Mundo das quais eu participei e como considero a minha experiência profissional igual a qualquer outro companheiro veterano, acho que posso e devo expor o meu ponto de vista.

Perdemos a Copa da França no vestiário, antes da entrada da nossa equipe para jogar. E desta vez, entre outras coisas, o senso político e a enorme experiência de Zagalo falharam. Basta recordar que a nossa equipe demorou para entrar em campo naquele dia. Dentro do vestiário, havia a discussão final da entrada ou não de Ronaldinho na equipe, chegado do hospital onde esteve para observação de um mal-estar às vésperas do jogo e da escalação, precipitada ou não, mais anunciada como certa, do jogador Edmundo. Pelo que eu soube, na oportunidade houve uma grande discussão entre os próprios jogadores quando foi confirmada na última hora a presença de Ronaldinho na equipe. Até onde os compromissos da CBF pesaram na balança e na decisão de Zagalo eu não vou discutir, mesmo porque não tenho nenhuma base sobre o assunto. Mas o fato é que no aspecto de psicologia o erro tático do nosso treinador foi terrível na moral coletiva da equipe.

Vejamos: ao escalar Edmundo por antecipação o treinador deu ao mais polêmico jogador brasileiro dos últimos tempos a oportunidade de mostrar seu valor, sua garra e seu futebol. Imagine o que é um jogador se preparar para jogar numa partida tão importante como a decisão da Copa e nos vestiários ser informado que não jogaria mais e seria substituído por

1998 – A Última Copa do Século

um grande jogador mas que não reunia as condições físicas e até psicológicas para atuar. Houve, é evidente, solidariedade de alguns jogadores. E lá dentro do vestiário, só o futuro dirá a verdade, essa discussão afetou todo mundo. Primeiro: arrasou Edmundo, como arrasaria qualquer um na mesma situação. Segundo: abalou Ronaldinho, já abalado pela sua situação física. Quem sabe se Ronaldinho não estava afetado pela responsabilidade dessa decisão? Afinal, Ronaldinho não tinha a experiência de um Dunga, de um Tafarel, de um Leonardo e de outros jogadores da seleção. A discussão também afetou o grupo como um todo. Quem se lembra dos primeiros 30 minutos ou do primeiro tempo do jogo contra a França, há de lembrar-se que a nossa seleção jogou apaticamente e até certo ponto permitiu que a cautelosa seleção da França começasse a acreditar que o Brasil estava mais nervoso do que eles. Não é verdade. A preocupação nossa foi a quebra da unidade espiritual que deveria existir numa equipe que entra para decidir uma Copa. Ou seja, o jogador brasileiro estava em campo com todo o seu talento, mas seu coração, sua alma, sua disposição para o jogo não estava dentro do estádio. E na minha opinião, foi isso que nos mandou para o "beleléu". Ronaldinho, que perdeu uma oportunidade de ouro, acabou substituído. Por quem? Pelo Edmundo, que acabou não jogando nada. Acho que o erro de Zagalo foi ter alterado a escalação na hora do jogo. O time deveria ter entrado com Edmundo e se depois do primeiro tempo o jogador não correspondesse à expectativa, então aí, sim, deveria entrar Ronaldinho. Essa é a minha opinião.

Afinal de contas a nossa seleção não teve uma campanha excepcional nessa Copa, dentro daquilo que o nosso torcedor exige. Afinal, repito, a Copa do Mundo hoje em dia é um balcão de negócios. A nossa seleção, para fugir principalmente da imprensa, tem o hábito de se isolar completamente, com a "tática" da CBF de arrendar hotel exclusivo para a nossa equipe. Esse confinamento transforma o hotel dos jogadores num autêntico campo de concentração e isso afeta o grupo de jogadores pela monotonia de uma concentração cansativa e até autodestrutiva. Até hoje a CBF não conseguiu estabelecer padrão de relacionamento com a imprensa. Já disse que a CBF, técnico, comissão técnica quando assumem uma posição na seleção se julgam acima das críticas. E lamentavelmente uma das maiores falhas da CBF é o seu setor de imprensa, de relações públicas. Como esse setor não tem força nenhuma, não tem personalidade, acaba sendo um ponto negativo que aumenta a tensão, principalmente por uma imprensa como a nossa, ávida de informação a qualquer preço para justificar sua presença.

Na primeira fase, como foi nossa campanha: estreamos ganhando da Escócia por 2x1, nosso velho e querido rival que sempre perde. Veio o segundo jogo contra o Marrocos e ganhamos de 3x0 e finalmente mais uma vez perdemos para a Noruega. Perdemos uma vez em Oslo, perdemos de novo na França no torneio pré-copa e novamente não conseguimos ganhar. Perdemos de 2x1. Até hoje não sei o que acontece com a Noruega. É uma das raras seleções que leva vantagem contra a nossa.

Terminada a primeira fase, observamos a estatística: marcando seis gols, prova que nosso ataque estava funcionando; tomamos três gols, com uma derrota; isso prova que a nossa defesa não estava tão boa como supúnhamos. Tafarel não estava no melhor da sua forma, tendo sido reserva no Atlético Mineiro. Júnior Baiano continuava como um zagueiro muito irregular de produção e Dunga, apesar de tudo, continuava sendo um homem lento e com graves defeitos na marcação individual. Mas tudo bem. Na primeira fase o que interessa realmente é a classificação.

Nas oitavas-de-final vencemos o Chile de 4x1. Nada de anormal. Embora com Zamorano e Marcelo Salas, o Chile é "freguês" de caderneta do futebol brasileiro. Sua única façanha aconteceu na Copa América na Argentina, ao eliminar o Brasil e nada mais. Vencemos de 4x1. Esse jogo deu a falsa impressão de que a seleção recuperava o seu ritmo. Falsa esperança, porque contra a Dinamarca, nas quartas-de-final, vencemos de 3x2 numa partida rigorosamente dramática e na qual evidenciamos erros de estrutura coletiva e deficiências tremendas no meio

1998 — A Última Copa do Século

de campo, o que obrigou nosso ataque a jogar mais recuado do que o necessário. Nós vínhamos de uma vitória de 3x0 contra Marrocos e de 4x1 com o Chile. Parecia que a seleção estava bem. Não estava. Afinal de contas, prevalecia o otimismo de todos nós. Mas convenhamos: que força técnica tem Marrocos e Chile para se opor à nossa seleção? Quando enfrentamos a Noruega que é tecnicamente superior, perdemos. E contra a Dinamarca foi um jogo nervoso e quase desesperado. Mas vencemos. E numa Copa do Mundo, que, me desculpem os leitores, é mais importante jogar mal e ganhar do que ser campeão moral como ocorreu na Argentina e não ganhar.

Chegamos à semifinal. Nosso adversário era a Holanda, badalada na Copa como a grande força para chegar a uma decisão européia, sonho dos organizadores da Copa e da própria imprensa do Velho Mundo. Esse sim foi um grande jogo, o melhor do Brasil na França. Se repetíssemos essa atuação na final contra a França teríamos ganho o campeonato. Afinal, depois da Argentina, o rival mais importante do nosso país é a Holanda. Os holandeses entendem que seu futebol é melhor que o nosso e seus jogadores quando enfrentam o Brasil se superam. Mais uma vez a Holanda provou que numa Copa o peso da camisa é importante. Mais uma vez a Holanda quase chega. Empatamos de 1x1, num jogo dramático e emocionante. E fomos para os pênaltis. Coisa curiosa: Tafarel estava no jogo na esperança das penalidades. Entre outros argumentos, esse era importante para Zagalo, pois nos treinos, dos três goleiros o mais fraco em aproveitamento era Tafarel. A defesa de Tafarel no chute de Ronald de Boer provou a tese de que Tafarel mais uma vez salvaria o Brasil. E nessa defesa o Brasil comprou a passagem para a final com a França. O outro lance de Cocu só confirmou a classificação.

:: A partida final

Pensando bem e analisando a França, chegamos à conclusão de que somente na primeira fase é que a seleção francesa teve um pouco de sorte no sorteio dos seus adversários. Jogou contra a emergente África do Sul e estreou bem ganhando de 3x0. Segundo jogo contra a Arábia Saudita e outra bonita vitória de 4x0. A única partida difícil foi contra a Dinamarca. Mas a França já estava classificada para as oitavas. Venceu de 2x1 e com um pouco mais de facilidade do que a nossa dramática vitória de 3x2 contra a mesma seleção. Nas oitavas, com dificuldade a França venceu o Paraguai, de excelente campanha, sob a direção de Carpegiani, o brasileiro que trouxe a seleção do Paraguai ao Mundial da França. Venceu por 1x0 na prorrogação. Essa foi uma partida difícil, pois o futebol francês tem muito do estilo sul-americano, daí o equilíbrio que justificou a prorrogação. Na quarta-de-final a França venceu a Itália nos pênaltis por 4x3 e mais uma vez a seleção francesa mostrou dificuldades contra adversários de maior categoria. A Itália voltou a fracassar nos pênaltis, como já acontecera nos Estados Unidos na decisão contra o Brasil. Assim os franceses chegaram ao compromisso mais difícil contra a Croácia, a essa altura a sensação da Copa.

A Croácia integrava antigamente a Federação Iugoslava, cujo futebol sempre teve uma força muito grande, principalmente nos Bálcãs, onde disputava a hegemonia com a Hungria. O desmembramento da Iugoslávia tirou a Federação do mapa do futebol, já que a Sérvia-Montenegro e Croácia viraram países. Daí a surpresa dos croatas apresentarem sozinhos o que antigamente seria parte integrante da Iugoslávia e provaram assim mesmo a força do seu futebol. A França venceu dramaticamente por 2x1, vivendo as mesmas emoções que tivemos contra a Dinamarca. Foi um jogo difícil mas colocou a França no caminho da decisão do mundial.

1998 – A Última Copa do Século

Descrever o clima da decisão é desnecessário. Todo mundo acompanhou pela televisão e o clima de euforia francesa era enorme para essa decisão. Só que o fator mais importante dessa partida, ou seja, o respeito dos franceses pelo Brasil não aconteceu. Como eu disse no começo deste depoimento, a seleção brasileira perdeu no vestiário o clima de decisão, que deveria existir. Entramos para jogar de cabeça baixa e isso nos destruiu.

Para você que torce pelo Brasil, parecia fácil ganhar da França, pois a seleção gaulesa não tinha nenhuma tradição de Copa. Mas a equipe da França não era uma equipe sem experiência. Senão vejamos: Nas três copas que disputou, a França perdeu de 5x2 para o Brasil na Suécia, na partida semifinal; em 1982, com Platini e companhia, foi batida na semifinal pela Alemanha, na cobrança de pênaltis; e em 1986, no México, a França nos eliminou nos pênaltis e foi novamente eliminada pela Alemanha. Desta vez a experiência internacional trouxe para a seleção algumas estrelas. Zidane, que fez 2 gols contra o Brasil, jogava no Juventus da Itália; Djorkaeff era o companheiro de Ronaldinho no ataque da Inter; o meio campista Desaily atuava no Milam, Petit e Lebouef atuavam na Inglaterra; o lateral Lizarazu jogava no Bayern de Munique, o que significa que a seleção da França, ao contrário do que poderia pensar o torcedor, não era "carne de vaca". Contra a França todavia existia o fato de que raramente a seleção do país patrocinador ganhava a Copa. Só a Argentina, Inglaterra e Alemanha conseguiram esse feito. Mas vamos aos fatos.

A seleção francesa chega ao final com o segundo ou terceiro ataque mais positivo da Copa. Marcou 12 gols em seis jogos, numa média de dois gols por partida e sua defesa foi a mais sólida com apenas dois gols em seis partidas. Um gol contra a Dinamarca e outro contra a Croácia. E o Brasil? Ataque muito bom, um dos mais positivos da Copa: 14 gols. Em compensação, em seis partidas tomamos sete gols, uma média nada recomendável. Portanto, pensando friamente, a seleção francesa não era o "boi de piranha" que o torcedor brasileiro poderia pensar.

Todo mundo viu o jogo final. Segundo as estatísticas 1,3 bilhão de pessoas assistiram a Copa. Aqui, portanto, não cabe comentários especiais. A única impressão que ficou para o brasileiro é que a seleção se vendeu, mercê da sua atuação claudicante e sem alma contra o entusiasmo e a virilidade dos franceses, que só acreditaram na possibilidade de vitória no segundo tempo, depois da apatia generalizada que tomou conta do nosso time e que eu tentei explicar na minha versão pessoal. Repito: se tivéssemos jogado o futebol que jogamos contra a Holanda, teríamos vencido a Copa. Da amarga lição que restou, não devemos nos esquecer de um fato: a seleção não pode ser um balcão de negócios. Não se deve atrapalhar os jogadores com propostas mirabolantes e com uma publicidade que envaidece o atleta, deixa-o com a falsa impressão de que está acima das críticas e principalmente que o ego de alguns jogadores, já milionários pelo que ganham em função do seu valor, fiquem acima do seu dever como atletas e sem a humildade que deve ter cada um quando passa de simples grande jogador a defensor da seleção.

Não sei, na virada do milênio, qual será o futuro do futebol. A seleção brasileira, por força contratual, virou produto de consumo popular. Vivemos contratando seleções de baixa categoria para jogar contra a nossa seleção, só para cumprir contratos leoninos, e permitimos que jogadores usem a camisa do Brasil para fazer contratos. Às vezes, ao longo dos anos, permitimos convocações políticas para valorizar atletas de determinados clubes, além do fato iniludível da presença dos empresários, que muitas vezes desvirtuam o sentido mais importante do atleta: o respeito ao seu país e a honra que lhe é concedida de defendê-lo no campo esportivo. A FIFA já quer uma Copa a cada dois anos; a FIFA pretende promover campeonatos e torneios mundiais. A televisão e os conglomerados financeiros que estão entrando com força total na compra de clubes e de campeonatos vão transformar o futebol, pela sua força gigantesca, no grande negócio do milênio. Afinal, só o esporte tem a força de se renovar sempre. Criar em curto espaço de tempo

1998 – A Última Copa do Século

novas estrelas, daí a sua força, que começa a atrair os grandes capitais. Como vai ser o esporte a partir da Copa de 2002 e no novo milênio, ninguém sabe, mesmo porque os profetas e os economistas são os maiores contadores de histórias de ficção científica. De modo que só nos resta acompanhar e torcer para que o aspecto financeiro não acabe com a coisa mais importante do esporte: a sua empatia e a sua mística de fornecedor de emoções...

Brasil na Copa de 1998

GRUPO A

Brasil 2 x 1 Escócia
Data: 10/06/98
Local: Estádio de France, em Saint-Denis
Árbitro: José Garcia Aranda (Espanha)
Público: 80.000 pagantes
Gols: Brasil: César Sampaio aos 4' e Boyd aos 27' (contra)
    Escócia: Collins aos 37'
Brasil: Tafarel, Cafu, Júnior Baiano, Aldair e Roberto Carlos; César Sampaio, Dunga, Giovani (Leonardo) e Rivaldo; Bebeto (Denílson) e Ronaldinho
Escócia: Leighton, Hendry, Boyd e Calderwood; Burley, Collins, Lambert, Dailly (Tosh McKinlay) e Gallacher; Durie e Jackson (Billy McKinlay).

Brasil 3 x 0 Marrocos
Dia: 16/06/98
Local: Estádio La Beaujoire, em Nantes
Árbitro: Nikolai Levnikov (Rússia)
Público: 33.266 pagantes
Gols: Brasil: Ronaldinho aos 9', Rivaldo aos 46' e Bebeto aos 61'
Brasil: Tafarel, Cafu, Júnior Baiano, Aldair e Roberto Carlos; César Sampaio (Doriva), Dunga, Leonardo e Rivaldo (Denílson); Bebeto e Ronaldinho
Marrocos: Benzeki, Saber (Abrami), Rossi, Naybet e El Madrioui; Chippo, Tahar, Nadji e Chiba (Amaine).

Noruega 2 x 1 Brasil
Dia: 23/06/98
Local: Estádio Vélodrome, em Marselha
Árbitro: Esfandiar Baharmast (EUA)
Público: 60.000 pagantes
Gols: Brasil: Bebeto aos 57'
Noruega: Tore Andre Flo aos 82' e Rekdal aos 87'
Brasil: Tafarel, Cafu, Júnior Baiano, Gonçalves e Roberto Carlos; Dunga, Leonardo, Rivaldo e Denílson; Bebeto e Ronaldinho
Noruega: Grodas, Johnsen, Berg, Bjornebye, Leonhardsen, Rekdal, H. Flo (Solskjaer), Strand (Mykland), Riseth (J. Flo), Eggen e Tore Andre Flo.

Brasil Classificado

1998 – A Última Copa do Século

OITAVAS-DE-FINAL

Brasil 4 x 1 Chile
Dia: 27/06/98
Local: Estádio Parc dês Princês
Árbitro: Marc Batta (França)
Público: 45.500 pagantes
Gols: Brasil: César Sampaio aos 11', César Sampaio aos 25' e Ronaldinho aos 46' e aos 70'
   Chile: Salas aos 23'
Brasil: Tafarel, Cafu, Júnior Baiano, Aldair (Gonçalves) e Roberto Carlos; César Sampaio, Dunga, Leonardo e Rivaldo, Bebeto (Denílson) e Ronaldinho
Chile: Tapia, Reyes, Fuentes e Margas; Aros, Ramirez (Estay), Acunã (Musrri), Sierra (Vega) e Cornejo; Salas e Zamorano.

QUARTAS-DE-FINAL

Brasil 3 x 2 Dinamarca
Dia: 03/07/98
Local: Estádio La Beaujoire, em Nantes
Árbitro: Gamal Ghandour (Egito)
Público: 35.500 pagantes
Gols: Brasil: Bebeto aos 10' e Rivaldo aos 26' e aos 60'
   Dinamarca: Jorgensen aos 2' e Brian Laudrup aos 50'
Brasil: Tafarel, Cafu, Júnior Baiano, Aldair e Roberto Carlos; César Sampaio, Dunga, Leonardo (Émerson) e Rivaldo (Zé Roberto), Bebeto (Denílson) e Ronaldinho
Dinamarca: Schmeichel, Colding, Rieper, Hogh e Heintze, Jorgensen, Melveg (Schjonberg) e Nielsen (Tofting); Brian Laudrup, Môller (Sand) e Michael Laudrup.

Brasil em Copas do Mundo

SEMIFINAL

Brasil 1 x 1 Holanda
Dia: 07/07/98
Local: Estádio Vélodrome, em Marselha
Árbitro: Mohamed Bujsaim Ali Musawi (Emirados Árabes Unidos)
Público: 54.000 pagantes
Gols: Brasil: Ronaldinho aos 85'
       Holanda: Kluivert aos 87'
Brasil: Tafarel, Zé Carlos, Júnior Baiano, Aldair e Robero Carlos; César Sampaio, Dunga, Leonardo (Émerson) e Rivaldo; Bebeto (Denílson) e Ronaldinho
Holanda: Van der Sar, Reiziger (Winter), Stam, Frank de Boer e Cocu; Ronald de Boer, Jonk (Saedorf), Davids e Zenden (Van Hooi Jdonk); Bergkam e Kluivert.
Prorrogação: Brasil 0 x 0 Holanda
Pênaltis: Brasil 4 x 2 Holanda

FINAL

Brasil 0 x 3 França
Dia: 12/07/98
Local: Stade de France, em Saint-Denis
Árbitro: Said Belgola (Marrocos)
Público: 80.000 pagantes
Gols: França: Zidane aos 27' e aos 46' e Petit aos 92'
Brasil: Taffarel, Cafu, Júnior Baiano, Aldair e Roberto Carlos; César Sampaio (Edmundo), Dunga, Leonardo (Denílson) e Rivaldo; Bebeto e Ronaldinho.
França: Barthez, Thuram, Leboeuf, Desailly e Lizarazu; Karembeu (Boghossian), Petit, Deschamps e Zidane; Djorkaeff (Vieira) e Guivarc'h (Dugarry).

Brasil Vice-campeão

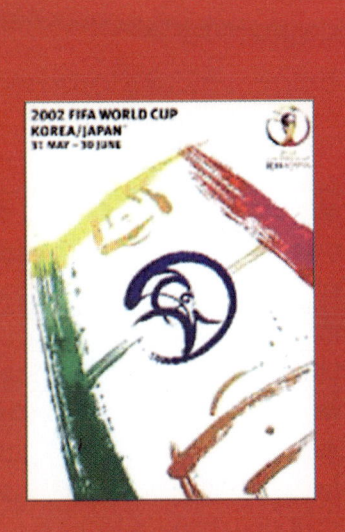

Coréia & Japão
2002

Ano 2002
País Sede Coréia e Japão
Campeão Brasil
Público 2.705.167

2002

A família Scolari

A Copa da Coréia e do Japão, que pode ser chamada a Copa do milênio, trouxe uma novidade: Dois países sediaram a competição. O Japão, que registrara um surpreendente crescimento no futebol e a Coréia que, mais antiga que os japoneses no futebol, vinha lutando pela realização da competição em seu país. O último ato do presidente João Havelange, antes de deixar a presidência da FIFA, foi aprovar a realização da Copa nos dois países.

Pela sua história, pelo seu passado, o Japão sempre foi um país fechado para o mundo exterior. Se mergulharmos na história japonesa, aprenderemos o fato de que a disciplina, a submissão do povo aos seus suseranos sempre foi uma constante. Até antes da Segunda Guerra Mundial o Japão, embora considerado uma potência na Ásia, tinha sua própria versão do esporte com destaque para o sumô.

A derrota na guerra e conseqüente domínio norte-americano, permitiu a introdução de outros esportes com predominância do beisebol que ficou muito popular, além do basquete e do vôlei e por último o futebol. O Japão passou a competir em diversas modalidades e a participar de Olimpíadas até culminar na imagem moderna de um Japão capitalista e com idéias especiais de crescimento econômico no âmbito mundial e a considerar o futebol como outro elo de comunicação de maior valor social que outras modalidades esportivas. O beisebol mesmo sofreu uma queda em função da falta de estatura do atleta japonês para competir com os norte-americanos e também a ausência desse esporte em base mundial.

A Coréia por exemplo já tinha evoluído desportivamente com o futebol e se tornara uma potência de primeira classe na Ásia, principalmente em função da influência norte-americana nas Filipinas em manter o beisebol como esporte de melhor expressão. Daí porque nesses últimos vinte anos o Japão se voltou para o futebol. Antes os campeonatos japoneses existiam porque as grandes indústrias patrocinavam seus times para disputar o Campeonato da Liga. Quando houve realmente interesse japonês pelo futebol, eles editaram no esporte a tática de importar valores, principalmente alguns veteranos de nome mas em fim de carreira e aprender com eles. A mesma tática que os japoneses utilizaram para crescer industrialmente e competir com o mundo. Hoje, o Japão já não contrata tanto. Mas a rápida evolução japonesa se deve a intercâmbios com diversos países, inclusive o Brasil, onde clubes abrigaram juvenis japoneses durante meses, treinando e vendo jogar equipes brasileiras. A importação de treinadores brasileiros, ingleses, alemães, iugoslavos etc. deu aos japoneses o treino necessário para formar, dentro das diversas tendências táticas, uma geração de jogadores que, além de popularizar o esporte, abriu condições para a formação de uma elite profissional. Dizer hoje que o Japão é primário em futebol é ignorar o fato de que os japoneses aprendem depressa e já são hoje um país de bom domínio do futebol. Com a Coréia a evolução foi diferente. Os coreanos não assimilaram o beisebol e já tinham uma tradição futebolística mais avançada. O próprio povo gostava do futebol e com isso criou-se um espírito futebolístico maior. Ao contrário do Japão que tinha dinheiro para investir, os coreanos não praticaram a política de contratar estrangeiros. Seu futebol avançou mais lentamente com seus próprios recursos financeiros e humanos. De modo que a rapidez japonesa quase se igualou aos coreanos.

Terminada a Copa e na avaliação coletiva, a Coréia ganhou a preferência coletiva em função de melhor organização, preços para o turista mais acessíveis que o japonês e um entusiasmo que contagiou a nação em torno da sua seleção e dos visitantes, dentro da tradicional qualidade de receber bem todas as delegações, que é um hábito cultural e educacional que integra as sociedades japonesas e coreanas. Lá não tem briga de torcida. Todos são aplaudidos, ganhadores e perdedores, e o sentido de hospedar e honrar o visitante é um símbolo da cultura desses países.

A Coréia também tinha uma organização que vinha da Olimpíada que eles patrocinaram. E nesse ponto, eu que estive na Coréia durante as Olimpíadas, transmitindo na época para a Rádio Clube de Pernambuco, sou testemunha da organização impecável dos coreanos. Destaco um pequeno detalhe que explica o motivo de os coreanos terem agradado mais que os japoneses. Durante as Olimpíadas a imprensa mundial tinha determinados hotéis à disposição. Havia um serviço de ônibus diário, de hora em hora, para a imprensa, com horários preestabelecidos. Durante a Olimpíada, nunca, repito, nunca atrasou um ônibus no horário marcado. Teve gente que perdeu o transporte porque dentro do espírito brasileiro poderia atrasar três a quatro minutos. E perderam a viagem...

:: O Brasil na Copa

Não sei se o Brasil escolheu primeiro jogar na Coréia ou se o sorteio determinou tal fato ou se a FIFA designou assim. Mas seja qual for a fórmula, o Brasil acertou na mosca. O "clima" na Coréia era mais esportivo do que no Japão. A atmosfera global era para a Copa, para a seleção da Coréia e para o Brasil em segundo lugar. Além de termos uma grande colônia coreana, o fato é que nosso futebol é admirado e respeitado lá fora. De modo que a atmosfera de expectativa somada à maneira coreana de receber era totalmente favorável ao nosso país.

Scolari manteve seu ponto de vista. Na briga pela convocação ou não de Romário, nem a velada interferência do presidente da CBF convenceu o treinador. Afinal de contas a necessidade da presença de Romário era um imperativo dos cariocas, que não tinham mesmo um grande ídolo para apresentar ao Brasil. Aliás o futebol carioca nos últimos anos não tem ídolos para apresentar ao grande público. O futebol precisa de ídolos. Como perdemos a maioria para o futebol da Europa, acabamos criando poucos ídolos que permanecem no Brasil, e estes estão mais em São Paulo, Minas, Rio Grande do Sul do que propriamente no Rio de Janeiro.

Felipão estavo certo. O trio Ronaldo, Ronaldinho e Rivaldo consagrou a seleção ao lado dos demais craques que acabaram formando um time solidário, a tal ponto que alguém da imprensa criou o título de "Família Scolare" que acabou sendo aceito pelo Brasil inteiro.

No primeiro jogo, contra a Turquia, jogo difícil porque a maioria da crônica esportiva brasileira, da nova geração, considerou a seleção turca fraca, sem aprofundar nos estudos que permitiam reconhecer a evolução turca no futebol europeu e o fato de a maioria da sua seleção ser composta, como a brasileira, de jogadores que atuavam na Itália, na Espanha e principalmente na Alemanha. Como toda seleção precisa de sorte, tivemos a "ajuda" do árbitro coreano, que nos deu um pênalti permitindo a nossa vitória por 2 x 1.

Foi a única ajuda, se o termo é correto, que tivemos. Depois disso, ganhamos dos chineses por 4 x 0, um país que vai crescer nos próximos dez anos, já que esses países reconhecem a importância do futebol como instrumento de socialização de seu povo. Jogamos contra a Costa Rica e vencemos por 5x2, com a

2002 — A família Scolari

nossa defesa errando muito. Único jogo que tivemos a sorte de a equipe adversária finalizar muito mal, não aproveitando os desacertos da nossa defesa; aí ninguém segurou o nosso time.

Ganhamos da Bélgica por 2x0, numa boa partida. Jogamos de novo contra a seleção da Inglaterra, num jogo muito esperado no contexto mundial. Apesar dos ingleses prometerem mudar sua imagem no mundial, ganhamos de 2 x 1 com um gol antológico de Ronaldinho Gaúcho. Voltamos a jogar com a Turquia, que provou sua condição de grande adversário. Ganhamos apenas de 1 x 0 e finalmente chegamos à final contra a Alemanha.

O futebol alemão sempre foi um futebol força. Eu sempre comentei que o jogador alemão é de "cintura dura". Ou seja, os alemães jogam certo, seu índice de aproveitamento no passe é excelente mas seu futebol é prático e até certo ponto monótono. O que falta à Alemanha é apenas uma coisa: criatividade. O jogador alemão é condicionado a uma disciplina tática única no futebol. O que diz a comissão técnica é lei. O jogador alemão joga o jogo de acordo com a configuração definida pelo técnico. De vez em quando surge um Matthäus, por exemplo, ou um Voigth, ou um Beckenbauer e só. E por isso, quando jogamos com os alemães, temos chance de vitória, se conseguirmos iludir a sua marcação implacável, sua condição atlética superior. Como improvisamos e muitas vezes desobedecemos as instruções do técnico, levamos vantagem. E mais uma vez prevaleceu nossa criatividade.

Ganhamos de 2 x 0 com um gol antológico de Ronaldo e alcançamos nosso quinto campeonato mundial. E merecidamente, diga-se de passagem.

Brasil em Copas do Mundo

Brasil na Copa de 2002

GRUPO C

Brasil 2 x 1 Turquia
Dia: 03/06/2002
Local: Estádio Ulsan, na Coréia do Sul
Árbitro: Kim Young Joo (Coréia)
Auxiliares: Visva Krishnan (CIN) e Vladimir Fernandez (SAL)
Gols: Brasil: Ronaldo aos 50' e Rivaldo aos 87'
 Turquia: Sas aos 46'
Brasil: Marcos, Lúcio, Edmílson, Roque Júnior; Cafu, Gilberto Silva, Juninho (Vampeta), Ronaldinho Gaúcho (Denílson), Roberto Carlos, Ronaldo (Luizão) e Rivaldo
Turquia: Rustu Recber, Fatih Akyel, Bulent Korkmaz (Ilhan Mansiz), Umit Ozat, Alpay Ozalan; Tugay Kerimoglu, Emre Belozoglu, Yildiray Basturk (Umit Davala), Hakan Unsal, Hasan Sas, Hakan Sukur.

Brasil 4 x 0 China
Dia: 08/06/2002
Local: Estádio Seogwipo, na Coréia do Sul
Árbitro: Anders Frisk (SUE)
Auxiliares: Leif Lindberg (SUE) e Bomer Fierro (EQU)
Gols: Brasil: Roberto Carlos aos 15', Rivaldo aos 32', Ronaldinho Gaúcho aos 44' e Ronaldo aos 55'
Brasil: Marcos, Lúcio, Anderson Polga e Roque Júnior; Cafu, Gilberto Silva, Juninho (Ricardinho), Ronaldinho Gaúcho (Denílson) e Roberto Carlos; Rivaldo e Ronaldo (Edílson)
China: Jiang Jin, Du Wei, Li Weifeng, Wu Chengying e Xu Yunlong; Li Xiaopeng, Qi Hong (Shao Jiayi), Li Tie, Zhao Junzhe e Ma Mingyu (Yang Pu); Hao Haidong (Qu Bo).

2002 – A família Scolari

Costa Rica 2 x 5 Brasil
Dia: 13/06/2002
Local: Estádio Suwon, na Coréia do Sul
Árbitro: Gandal Ghandour (EGI)
Auxiliares: Dramane Dante (MLI) e Egon Bereuter (AUT)
Gols: Costa Rica: Wanchope aos 39' e Gómez aos 56'
   Brasil: Ronaldo aos 10' e aos 12', Edmílson aos 38', Rivaldo aos 62' e Júnior aos 64'
Costa Rica: Lonnis, Luis Marin, Mauricio Wright e Gilberto Martinez; Wilmer Lopez, Mauricio Solis, Harold Wallace (Bryce), Walter Centeno e Carlos Castro; Paulo Wanchope e Ronald Gómez
Brasil: Marcos, Lúcio, Anderson Polga e Edmílson; Cafu, Gilberto Silva, Juninho (Ricardinho), Rivaldo (Kaká) e Júnior; Ronaldo e Edílson (Kléberson).

OITAVAS-DE-FINAL

Brasil 2 x 0 Bélgica
Dia: 17/06/2002
Local: Estádio Kobe Stadium, no Japão
Árbitro: Peter Prendergast (JAM)
Auxiliares: Yuri Dupanov (BUL) e Mohamed Saeed (MDV)
Gols: Brasil: Rivaldo aos 67' e Ronaldo aos 87'
Brasil: Marcos; Lúcio, Roque Júnior, Edmílson, Cafu, Gilberto Silva, Juninho (Denílson), Rivaldo (Ricardinho), Roberto Carlos, Ronaldinho Gaúcho (Kléberson), Ronaldo
Bélgica: Geert De Vlieger, Nico Van Kerckhoven, Daniel Van Buyten, Jacky Peeters (Wesley Sonck); Gert Verheyen, Timmy Simons, Yves Vanderhaeghe, Johan Walem, Bart Goor; Mbo Mpenza, Marc Wilmots.

Brasil em Copas do Mundo

QUARTAS-DE-FINAL

Inglaterra 1 x 2 Brasil
Dia: 21/06/2002
Local: Estádio Shizuoka Stadium, no Japão
Árbitro: Felipe Ramos Rizo (MEX)
Auxiliares: Hector Vergara (CAN) e Mohamed Saeed (MDV)
Gols: Inglaterra: Owen aos 23'
   Brasil: Rivaldo aos 47' e Ronaldinho aos 50'
Inglaterra: Seaman, Mills, Ferdinand, Campbell e Ashley Cole (Sheringham), Beckham, Scholes, Butt e Sinclair (Dyer); Heskey e Owen (Vassell)
Brasil: Marcos, Lúcio, Edmílson e Roque Júnior; Cafu, Gilberto Silva, Kléberson, Ronaldinho e Roberto Carlos, Ronaldo (Edílson) e Rivaldo.

SEMIFINAL

Brasil 1 x 0 Turquia
Dia: 26/06/2002
Local: Estádio Saitama, no Japão
Árbitro: Kim Milton Nielsen (DIN)
Assistentes: Maciej Wierzbowski (POL) e Igor Sramka (ESL)
Gols: Ronaldo aos 49'
Brasil: Marcos; Lúcio, Roque Júnior, Edmílson; Cafu, Gilberto Silva, Ronaldinho Gaúcho (Kléberson), Rivaldo, Roberto Carlos; Edílson (Denílson) e Ronaldo (Luizão)
Turquia: Rustu Recber, Fatih Akyel, Bulent Korkmaz, Alpay Ozalan; Umit Davala (Muzzy Izzet), Tugay Kerimoglu, Yildiray Basturk (Arif Erden), Ergun Penbe, Hasan Sas, Emre Belozoglu (Ilhan Mansiz); Hakan Sukur.

2002 – A família Scolari

FINAL

Alemanha 0 x 2 Brasil

Dia: 30/06/2002

Local: Estádio Yokohama International, no Japão

Árbitro: Pierluigi Collina (ITA)

Auxiliares: Leif Lindberg (SUE) e Philip Sharp (ING)

Gols: Brasil: Ronaldo aos 67' e aos 79'

Alemanha: Oliver Kahn, Torsten Frings, Thomas Linke, Carsten Ramelow, Christoph Metzelder, Bernd Schneider, Jens Jeremies (Gerald Asamoah), Dietmar Hamann, Marco Bode (Christian Ziege), Oliver Neuville, Miroslav Klose (Oliver Bierhoff)

Brasil: Marcos, Lúcio, Edmílson, Roque Júnior, Cafu, Gilberto Silva, Kléberson, Ronaldinho Gaúcho (Juninho), Roberto Carlos, Ronaldo (Denílson), Rivaldo.

Brasil Campeão

Os técnicos da seleção

De 1950 para 1999, os técnicos que passaram pela nossa seleção nas diversas Copas do Mundo ofereceram seus serviços com entusiasmo, emoção e dentro das suas perspectivas, com a maior e melhor das intenções. Nem todos foram felizes. O sucesso chegou para poucos, além das decepções e principalmente da falta de compreensão do próprio torcedor. A natureza humana é formada de tal maneira que dificilmente o senso de autocrítica influi no espírito de cada um. Nós sempre achamos que estamos à altura da tarefa, dentro da nossa especialidade, o que determina muitas vezes o fracasso de determinadas missões e responsabilidades. A seleção é a mesma coisa. O técnico entende, com sua comissão, que está à altura do cargo e muitas vezes o fracasso demonstra claramente o equívoco de quem assumiu o posto, certo de que teria condições para resolver os problemas de convocação, formação e treinamento de uma seleção brasileira para disputar o mundial.

Não tenho base, por exemplo, para discutir a condição dos treinadores das Copas de 30, 34 e 38. Naquele tempo, entre outras coisas, o futebol era amador, com algumas pinceladas de profissionalismo e as condições de infra-estrutura não existiam. Houve inclusive uma surda rivalidade entre as entidades paulista e carioca e com isso o futebol pagou pela sua inexperiência e pela sua falta de profissionalismo. Mas de 1950 para cá, e nisso se baseia este livro, posso traçar um retrato dos treinadores que passaram pela nossa seleção. Como acompanhei todas, tenho condições de testemunhar e acentuar minhas observações em torno desses treinadores.

Separo a moderna história do futebol brasileiro em duas etapas: de 1950 a 1970, em que o romantismo do futebol imperou e após 1970, em que entrou a fase de comercialização profissionalizante até nossos dias, pois o atleta, clubes, dirigentes e empresários possuem uma outra mentalidade totalmente diferente da daqueles que até 1970 batalharam pelo futebol brasileiro.

Em 1950, por exemplo, fomos treinados por Flávio Costa, na época o grande nome de treinador do futebol brasileiro. Técnico do Flamengo, tinha como opositor dois nomes de treinadores também no Rio. Ondina Vieira, que era uruguaio, e Gentil Cardoso, um iniciante com uma mensagem diferente para o futebol. A escolha de Flávio Costa para técnico da seleção não foi discutida e embora sua seleção praticamente fosse uma seleção carioca, com alguns reforços, pouco se pode criticar em função da liderança absoluta do futebol carioca e da avaliação que se poderia fazer no contexto brasileiro para uma convocação realmente nacional. E seu time não decepcionou. Perdemos para o Uruguai e já comentamos isso e pouco se pode criticar do treinador. Se em 1930, tínhamos ficado em quinto lugar, em 1934 em décimo quarto e em 1938, em terceiro lugar, o vice-campeonato do mundo já era uma conquista, embora o trauma pela perda do título persista até hoje. Flávio Costa até que foi coerente. Sua seleção tinha menos jogadores do Flamengo do que se poderia esperar, numa época em que não se discutiam as convocações. Depois quem pagou o "pato" pela nossa derrota foi Barbosa, em primeiro plano, e Bigode, na época, mas prontamente esquecidos pela consagração de

Os técnicos da seleção

Obdulio Varela, um jogador mais consagrado no Brasil do que no Uruguai; diga-se de passagem, o técnico escapou tranqüilamente de críticas que poderiam ter atrapalhado a sua carreira de treinador.

Em 1954, Zezé Moreira pagou um pesado tributo pela derrota. Considero Zezé Moreira um técnico altamente competente e um profissional honrado e trabalhador. Por onde passou, Zezé Moreira deixou a marca da sua personalidade e a sua honestidade profissional. Sua boa fé pode ser demonstrada pelo fato de reconhecer em Veludo, reserva de Castilho, no Fluminense, time do qual ele era treinador, qualidades para merecer a convocação na fase de classificação e de achar, inclusive, que Veludo merecia a oportunidade de jogar como titular, tanto na seleção como no Fluminense, não fosse a grande qualidade técnica de Castilho e sua sorte no gol, a tal ponto que o termo "leiteria" foi criado na imprensa carioca para mostrar a sorte de Castilho em lances históricos do seu futebol. Mas Zezé tinha um defeito básico: Não aceitava muito as críticas da imprensa. Desde 1954 começou o divisor de águas entre comissão técnica e imprensa. E se houve um técnico que pagou pesado tributo por isso foi o Zezé Moreira. Mesmo perdendo para os húngaros, que a nossa imprensa transformou, antecipadamente, no virtual campeão do mundo na Suíça, o fato é que o futebol da seleção e a sua derrota detonou um processo de responsabilidade exclusivamente do técnico. Zezé foi transformado em Judas e até queimaram um boneco com sua efígie no Rio de Janeiro. Isso amargurou o técnico, que nunca mais dirigiu uma seleção e criou um abismo muito grande entre ele e a imprensa. Ouso dizer que fui um dos poucos comentaristas esportivos que teve uma boa amizade com Zezé Moreira e sou testemunha de sua amargura com a imprensa. Sua passagem pela seleção nos colocou em sexto lugar. Para quem perdera o mundial de 1950 e ficara em segundo, a sexta colocação na Suíça não foi perdoada pela imprensa. Quando falo de imprensa, estou referindo-me à imprensa carioca e paulista, as únicas que tinham certo peso na opinião pública brasileira.

Em 1958, Vicente Feola teve como mérito vencer a Copa da Suécia. Mas todos nós sabemos que dentro da humildade que sempre caracterizou a personalidade de Feola, ele jamais se libertou da sua posição de funcionário do São Paulo F. C. e de ter sido escolhido pelo Dr. Paulo Machado de Carvalho. Já disse e reafirmo: Feola, Paulo Amaral e comissão técnica, naquela época, ouvia e conferenciava com o Dr. Paulo Machado de Carvalho, na minha opinião o único presidente de uma delegação, que tinha autoridade para discutir e aprovar a estratégia que deveria ser utilizada pela comissão técnica. Depois, técnico que ganha não se discute. Idem com Aimoré Moreira. Em 1962, Feola não foi o técnico por estar adoentado na época. São dois profissionais de valor, que tinham a vantagem do apoio de um Chefe de delegação, com a inteligência e a liderança do Dr. Paulo, que sem dúvida, opinião unânime da imprensa, dividiu com os técnicos a glória da conquista das Copas que participou. Com todo merecimento.

Em toda a longa história da nossa participação, nunca tivemos uma desclassificação tão humilhante como a da Copa da Inglaterra em 1966. Foi uma farra a convocação da seleção. Chamaram Vicente Feola para treinador e dentro da sua humildade e sem o comando do Dr. Paulo Machado de Carvalho, Feola, que era um treinador de circunstância mas não um grande treinador, deixou-se manipular. Começou a bagunça, aqui no Brasil. Foram chamados quarenta e quatro jogadores. Até para escalar os times nos treinos era uma confusão. Feola ficou perdido; a Comissão técnica idem. A Confederação se omitiu, embora já presidida por João Havelange, que foi também o presidente da delegação brasileira e aconteceu o desastre que se viu. Ficamos numa posição humilhante e Feola, mesmo assim, como se dava bem com a imprensa, foi poupado de críticas pelo seu título anterior de 1958 e não sofreu os vexames de Zezé Moreira em 1954. Na realidade, Feola nunca foi um grande técnico e o erro da sua reconvocação mostrou exatamente isso.

Zagalo foi chamado para treinar a seleção em 1970 e embora já questionado pela imprensa em relação à sua capacidade

Os técnicos da seleção

para treinar a seleção, o fato é que ele acabou acertando na escalação do time no México, embora eu ache, até hoje, que não era aquele o time que o treinador considerava ideal. Mas Zagalo teve um mérito muito grande nessa conquista. Era um ex-jogador, tinha sido bicampeão do mundo jogando pela seleção, conhecia portanto por dentro e por fora os bastidores de uma seleção. Depois Zagalo contou, e o mérito é dele pela convocação, com craques como Tostão, Gérson, Pelé, Rivelino, Clodoaldo, cujo QI era muito grande. Depois basta olhar os teipes das partidas, para verificar que em 1970 foi encerrado o ciclo do futebol espetáculo, em que a marcação, o sistema de jogo, o 4-2-4 e suas variações permitiram um futebol vistoso e excelente. Depois Zagalo tinha uma comissão técnica com Coutinho, Chirol e Parreira, preparadores físicos que deveriam formar um conselho para discutir a seleção. Ademais Zagalo, de todos os técnicos da seleção, de longe era politicamente o melhor. Em 1970, quando as críticas começaram pela escalação de poucos jogadores cariocas, o técnico conseguiu a proeza de escalar e substituir alguns jogadores, contentando a todos. Depois a beleza do futebol jogado pela seleção e a conquista do título silenciaram os críticos do técnico, principalmente em São Paulo. Zagalo passou portanto, muito bem, no teste da seleção. Em 1974, todavia, Zagalo não teve a mesma sorte. Primeiro: Perdeu a Copa. Para os brasileiros, um erro imperdoável. Os seus críticos de São Paulo e Rio, que abertamente discutiam a covocação dos jogadores, perceberam, acima de tudo, que Zagalo era um técnico conservador. Ele acreditou em alguns jogadores de 1958, manteve Paulo César Caju na seleção, um jogador que sempre dividiu a crônica paulista e carioca no acerto das suas qualidades de jogador para a seleção. Segundo: o inteligente e político treinador do México começou também a considerar a crônica sua inimiga e dividiu claramente sua posição de técnico e de contestador da imprensa. Esse, aliás, é o grande erro de todas as Comissões Técnicas da seleção brasileira. O resultado é que perdemos a Copa, fomos eliminados pela Holanda e ficamos num modesto quarto lugar. Isso determinou a saída de Zagalo do comando do time do Brasil.

Em 1978 foi escolhido Cláudio Coutinho, que tinha sido auxiliar de Zagalo como preparador físico. Cláudio Coutinho era um homem inteligente, culto, observador e que deve ter pensado: "Se eles podem ser treinadores, porque eu não posso?" E foi.Como era um homem inteligente, maneiroso com a imprensa, o técnico com maior paciência que eu conheci na seleção para dar entrevista e ouvir a crônica, Coutinho acabou técnico da seleção para a Copa da Argentina. Saímos de lá como terceiro colocado e com uma façanha: Não perdemos para ninguém e não ganhamos a Copa. O capítulo deste livro que se refere à Copa de 1978, explica tudo.

A Copa de 1982 marcou a presença de Telê Santana, ex-ponta-direita do Fluminense, ex-jogador de Zezé Moreira, a quem admirava tanto quanto eu. A competência de Telê Santana e seus méritos como técnico ninguém discute. Mas no caso de Telê Santana eu acho que faltou apenas uma coisa para a consagração desse técnico: sorte. Telê montou um time igual ou superior ao de 1970, em matéria de qualidade de futebol. A opinião fica para você, amigo leitor. Sua seleção jogou um futebol extraordinário e acabamos eliminados pela Itália, naquele fatídico jogo em que Cerezo deu um passe para um gol e o time não quis — essa é minha opinião pessoal — segurar o empate que nos classificaria, por pura vaidade, e vencer uma seleção que lhe era inferior e principalmente para confirmar a imagem de quase-campeão com o público espanhol. E perdemos. Telê também escapou incólume, embora nessa época o técnico também tenha tido suas escaramuças com a imprensa.

Telê foi mantido em 1986. Se na Espanha chegamos à terceira colocação, em 1986 ficamos em quinto lugar. Telê já estava numa posição precária com a imprensa, porque entrara no velho jogo de considerar todas as críticas como pessoais e a turma do "puxa" estava lá para apoiar o treinador. Até os amigos do técnico na imprensa perderam acesso ao treinador. Essa segunda Copa do México, onde tínhamos a simpatia do torcedor mexicano e grande apoio da opinião pública, foi perdida com uma eliminação de pênaltis contra a França e marcou a

Os técnicos da seleção

saída de Telê definitivamente como treinador do Brasil. No México, também, os erros de comportamento, escalação e treinamento foram grandes. E isso tudo determinou a saída do técnico. Aliás não tem sido feliz o Brasil na repetição do técnico campeão do mundo no comando subseqüente da seleção. Como já disse, o treinador fica auto-suficiente, a imprensa idem e a coisa se complica. Acreditem, se houvesse um melhor clima entre imprensa e cartolas, o Brasil sairia lucrando.

Em 1990 tivemos Sebastião Lazaroni. A experiência foi tão negativa que acabamos em nono lugar na Copa da Itália. Quais os critérios que determinaram essa escolha não nos cabe discutir. Mas Lazaroni não tinha peso como técnico para substituir Telê Santana e, o que é pior, levou consigo sua tese de um esquema defensivo para a seleção. Contra tudo e contra todos, Lazaroni apostou forte no seu esquema de jogo, pensando, quem sabe?, o que cada um pensaria se ele ganhasse a Copa; provavelmente que ele Lazaroni seria apontado como outro grande estrategista do futebol. O fato é que tivemos a mais baixa taxa de gols da história da seleção, perdemos a Copa e até hoje a CBF não explica porque manteve o técnico no comando da seleção depois das pesadas críticas da imprensa. Acho que mais uma vez para mostrar independência e não reconhecer seu erro, a CBF manteve o técnico com a esperança de ganhar a Copa e tapar a boca da imprensa: O treinador e a CBF se enganaram.

Em 1994, sugerimos, e outros desportistas também, ao presidente Ricardo Teixeira que a seleção era grande demais para ficar submetida apenas à determinação de um só treinador. Por carta, estava eu em Recife, logo depois da Copa da Itália, e pelo malote da Federação Pernambucana enviei uma sugestão para que a seleção tivesse um técnico e um supervisor técnico, este com poderes para discutir com o treinador sobre estratégias da seleção. Não vou dizer que minha carta influiu e nem sei se chegou a ser lida pelo presidente da CBF, mas o fato é que Parreira foi convocado como técnico e Zagalo, cuja experiência é reconhecida por todos, como supervisor. Ganhamos a Copa. É verdade que tecnicamente foi a Copa de mais baixo nível técnico que eu assisti e é verdade que ganhamos na cobrança dos pênaltis. Mas o fato é que vencemos e sabe Deus com quantos obstáculos e confusões. Já estava estabelecido, desde a Copa da Itália, que, para fugir da imprensa, a seleção se recolheria a hotéis parecidos com campo de concentração. A seleção alugava hotéis inteiros, fugia da imprensa, embora permitisse o que já é um hábito do futebol moderno: negociações de empresários, empresas de marketing, fabricantes de artigos esportivos, enfim tudo aquilo que faz parte do comércio do futebol. Muitas vezes o jogador recebe tanta proposta, trata de tantos negócios que não se concentra no essencial: jogar futebol pelo Brasil. Mas isso, bem, é uma outra história.

O fato é que vencemos com Parreira que, como técnico, nunca provou suas qualidades, embora com um grande currículo no Oriente Médio.

Zagalo voltou à seleção com a fama de ter ajudado Parreira e acabou de novo no comando da seleção. Ganhou na França o segundo vice-campeonato mundial para o Brasil. O que ficou provado, com a teimosia de Zagalo, com sua briga com a imprensa, sua sorte e sua capacidade é que ele pode considerar-se o melhor técnico que passou no comando da seleção. Sua capacidade como treinador é indiscutível e se hoje ele é duas vezes campeão do mundo é porque não lhe falta capacidade e competência. O que se discute apenas é seu acerto ou não na partida final contra a França, na escalação de Ronaldo e no sacrifício de Edmundo. Lá na Alemanha ele cometeu, na minha opinião, contra a Holanda o mesmo erro na tardia escalação de Mirandinha. Mas uma coisa é discutir o que poderia acontecer e o que aconteceu. Talvez se tivesse escalado o que achamos que deveria escalar, o técnico teria acertado. Ou talvez a emenda fosse pior que o soneto. Como comentarista, sou analista do que acontece, do fato e não de premissas, mesmo que sejam as minhas, e o fato é que Zagalo, com ou sem sorte, foi o melhor treinador que tivemos. Como vai ser a seleção e como vão ser as Copas no terceiro milênio eu não sei. Mas alguém vai escrever sobre elas.

Os técnicos da seleção

A revista *Exame*, edição de número 694 de 11 de agosto de 1999, publica uma reportagem intitulada "Má notícia é boa notícia".

Fiquei impressionado com os conceitos emitidos, porque ela diz bem de perto o que tenho tentado explicar neste livro sobre a imprensa e a seleção. Em determinado trecho diz, citando um jornal de alto conceito, mas afirmando algo que é genérico para a imprensa como um todo. Diz a revista *Exame*: "O jornal deixou de praticar jornalismo investigativo e entrou firme no jornalismo denunciativo que não leva a nada".

Mais adiante: "Responder às perguntas de um jornalista, hoje, vai-se tornando um exercício cada vez mais parecido com uma partida de xadrez, onde é necessário antecipar os três ou quatro lances seguintes do adversário. A pergunta não é simplesmente uma pergunta: muitas vezes é uma armadilha destinada a extrair alguma declaração que será usada contra o entrevistado nas perguntas à frente".

Repito o que falei em capítulos anteriores: estamos na fase da globalização, no período da comunicação mundial, no limiar de um milênio em que a informação, pela sua rapidez, vai ser importante na vida. A CBF, que comanda a seleção, até hoje tem seu setor de imprensa tão atrasado em termos de comunicação, que tem sido, ao longo das seleções e dos mundiais e por extensão das competições patrocinadas pela entidade, o grande calcanhar-de-Aquiles da CBF. O setor de comunicação da CBF é um dinossauro em termos de relacionamento e ao invés de se tornar o departamento capaz de esclarecer, informar e facilitar é o setor que MAIS COMPLICA A VIDA DE TÉCNICOS, COMISSÕES TÉCNICAS E CARTOLAGEM. Oxalá que a partir da próxima Copa se modernize esse setor.

Pode-se considerar a convocação de Felipe Scolari como uma "zebra". Explico: o primeiro nome na época era de Wanderley Luxemburgo. Wanderley começou no futebol paulista modestamente, destacou-se como um treinador competente, foi subindo lentamente na escala dos clubes, fez inicialmente um bom relacionamento com parte da mídia e acabou na seleção. Aí enrolou-se completamente. Contraiu a velha doença de todos os treinadores de não aceitar críticas, fez algumas convocações discutíveis, enrolou-se com problemas particulares e acabou fora da seleção.

Entrou Leão e também o antigo goleiro da seleção brasileira, que tinha vivido o drama do relacionamento, ficou num pedestal. Convocou algumas "caras" novas, prometeu acertadamente fazer uma remodelação na seleção, revelando novos valores e acabou demitido por telefone.

Aí já existia uma corrente pró-Felipão. O técnico tinha ido muito bem no Grêmio, onde começou a ganhar fama, e consolidou essa posição como técnico do Palmeiras. A maior e melhor fase do Verdão nos últimos anos. Acabou por consenso escolhido técnico.

A lua-de-mel durou pouco. Na convocação final para a Copa do Mundo não foi chamado Romário, o que foi considerado um sacrilégio pela imprensa carioca e por grande parte dos cronistas do Brasil. As críticas contra Felipão começaram aí e se mantiveram durante toda a fase de preparativos da seleção.

Embora eu não participasse, nesse período, da imprensa, por considerar minha carreira de 50 anos de rádio encerrada, pude acompanhar os debates entre os cronistas veteranos (da minha época) e a nova geração de comentaristas, ex-jogadores que viraram jornalistas e a famosa votação pela Internet. Ninguém, todavia, parou para pensar em duas coisas: a) Felipão tinha absoluta certeza que possuía na seleção brasileira o melhor trio atacante do mundo, formado por Rivaldo, Ronaldo e Ronaldinho. Se convocado, o jogador Romário teria de entrar nesse trio no lugar de Ronaldinho ou Rivaldo e acredito que Felipão jamais cogitou de tal escalação; b) Outro problema era o estilo de Romário. Não gosta de treinar. Tem o hábito de sair da concentração de acordo com sua vontade, sem dar satisfações e no campo, jogando bola, não era mais o Romário, rápido e veloz, de outras épocas. Sua entrada poderia complicar o espírito de seleção imposto por Felipão e aceito pelos jogadores.

Felipão sofreu o diabo com a crônica. E novamente criou-se o abismo entre a imprensa e Felipão. Orgulhoso, não queria explicar nada e a imprensa também não parou para raciocinar o que pretendia o técnico, técnica e taticamente.

Deu no que deu. O trio Rivaldo, Ronaldo e Ronaldinho formou o maior trio atacante da Copa, o Brasil ganhou o pentacampeonato, inclusive com um pênalti de presente do juiz coreano que apitou Brasil e Turquia e Felipão acabou consagrando-se como um grande treinador.

O que nos reserva o futuro

O que nos reserva o futuro? Não sei. Não sou futurólogo. Aliás os que tentaram adivinhar o futuro erraram totalmente. Só posso garantir que o futebol mudou. Vamos ter alguns países, fora das Américas e da Europa, que vão evoluir. O futebol africano, com seu jeito sul-americano de jogar criativamente, é uma esperança de uma mudança substancial no conceito do futebol. Embora sem ser futurólogo prevejo que, teremos nos próximos vinte anos um país do continente africano como campeão mundial.

A nova geração de jornalistas esportivos está criando uma nova concepção interpretativa do certo e do errado e é claro que para eles o passado tem seu valor, mesmo assim o que eles pensam é que a turma da velha guarda de jogadores e cronistas esportivos (eu me incluo nesse grupo) pensa no presente com um pé no passado, quase como o velho automóvel comparado com as máquinas reluzentes e velozes de hoje.

Nos velhos tempos, de 50 para cá, o Garrincha era ponta direita, Julinho era ponta, Canhoteiro era ponta, Zizinho era meia, Pelé era meia, Pepe era ponta esquerda, Bauer era volante, Zito era volante, Valdemar Fiúme era médio, Tesourinha era ponta direita, Larry era meia, Salvador era centro-médio, Danilo era centro-médio etc.

Hoje não tem mais centro-médio, e sim volante-de-contenção, ou volante pela esquerda, desapareceu o ponta, e o lateral virou ala e assim por diante. Estamos pois inaugurando uma nova linguagem e até uma nova mensagem do futebol. Não sei como vai ser e não estarei vivo para ver tudo. Mas acho que nós brasileiros temos de modificar o nosso conceito de clube, de administração e de profissionalização para não perdermos a nossa liderança mundial dentro dos campos. Fora dele, todavia, já perdemos nossa posição. Temos um futebol sem regras, onde os empresários deram aos nossos atletas uma formação mercenária e por isso caminhamos para entregar a outros países o que conquistamos ao longo do século passado.

A Lei Pelé libertou o atleta e acabou com os clubes. O estatuto do torcedor vai acabar com os estádios, pois somos um país sem estrutura esportiva e sem condições econômicas. O Comitê Olímpico se salvou dessa catástrofe da libertação do vínculo do atleta com o clube e seu presidente, Carlos Nuzman, na minha opinião, será o Havelange olímpico, ou seja, levará o Brasil a conquistas extraordinárias, será o presidente do Comitê Olímpico Internacional. Quem viver, verá...

Mas isso é a história da vida. Basta ver desde a velha Babilônia, do Egito, dos persas, dos macedônios com Alexandre o Grande, com a velha Inglaterra, que todos os impérios, inclusive o império do futebol, nasce, cresce, vive e morre.

Assim é a vida, meu velho amigo torcedor de futebol!